全球马拉松

七大洲54场经典马拉松完全指南

[英] 休奇 · 琼斯 亚历山大 · 詹姆斯 著
由儒全 许 晶 北京铁三运动协会 译

中国轻工业出版社

图书在版编目（CIP）数据

全球马拉松：七大洲54场经典马拉松完全指南 / (英) 休奇•琼斯 (Hugh Jones)，(英) 亚历山大•詹姆斯 (Alexander James) 著；由儒全，许晶，北京铁三运动协会译. —北京：中国轻工业出版社，2019.4

ISBN 978-7-5184-2321-7

Ⅰ. ①全… Ⅱ. ①休… ②亚… ③由… ④许… ⑤北… Ⅲ. ①马拉松跑—运动竞赛—世界—指南 Ⅳ. ①G822.873-62

中国版本图书馆CIP数据核字(2018)第277287号

策划编辑：刘忠波　　责任编辑：李苑苑　陈风彩　　责任终审：劳国强
整体设计：知墨堂文化　　责任监印：张京华

出版发行：中国轻工业出版社（北京东长安街6号，邮编：100740）
印　　刷：北京博海升彩色印刷有限公司
经　　销：各地新华书店
版　　次：2019年4月第1版第1次印刷
开　　本：787×1092　1/16　　印张：11.5
字　　数：234千字
书　　号：ISBN 978-7-5184-2321-7　　定价：88.00元
邮购电话：010-65241695
发行电话：010-85119835　　传真：85113293
网　　址：http://www.chlip.com.cn
Email：club@chlip.com.cn
如发现图书残缺请直接与我社邮购联系调换
171277S6X101ZYW

28TH
ATHENS CLASSIC MARATHON
ALPHA BANK
2010
THE AUTHENTIC COURSE
ΓΡΗΓΟΡΗΣ ΛΑΜΠΡΑΚΗΣ

推荐序

亲爱的读者朋友们，你们好！

初看本书，感觉可以让全国、甚至所有能读懂中文的跑友都能够更加了解世界各地的马拉松，包括历史沿革、报名要求、参赛规程、旅行事项和民风民俗，我们感觉特别棒！非常高兴能够与大家一起分享关于跑步和马拉松方面的经验、知识。我们来自“孙英杰长跑俱乐部”，本人汪成荣是原国家队负责残疾人马拉松的总教练。恰于2014年，我和爱人——中国女子马拉松纪录保持者孙英杰老师，一同创立了这个长跑俱乐部。

从创立之初，我们就确定了俱乐部的宗旨：健康第一，享受跑步，享受速度与激情带给我们的快乐，速度的追求一定是建立在健康、科学的训练之上的。

我们作为运动员和教练员时，都有着精彩纷呈的运动和执教经历。本人是运动健将和奥运会金牌教练，孙英杰亦曾是北马三连冠、世界冠军、坐拥当时马拉松史上女子项目的第三个好成绩，而且至今保持着中国马拉松的全国赛会的纪录。我们希望自身的这些丰富的运动和执教经验，能够下探到大众运动中，以帮助各位跑步爱好者，让大家在安全运动的前提下不断进步、充分享受跑步健身带来的乐趣。

我们在日常训练和研究中，仔细研究每一个热身、拉伸、核心训练的动作细节，认真思考我们在专业队积累的知识，怎么合理有效地转化为业余选手能够身体力行的动作。训练计划我们也是随着春夏秋冬和不同学员的身体条件加以精细调整。

特别欣喜的是，孙老师的小步快频技术，帮助无数跑友建立了正确的跑步技术，很多大体重、从不运动的小白跑者从中收益。更是帮助很多高水平的跑者大大提高了跑步经济性，从而提高成绩。除了严格要求技术，我们也非常重视循序渐进的训练理念，在我们俱乐部几乎很少有人受伤。

很多跑友都希望自己跑的越来越快，成绩越来越好，这正是马拉松的魅力所在。但我们不能违背运动的初衷，跑步是一辈子的事情，健康是我们首先要追求的。长长久久跑下去比跑的快更重要。

跑步训练的过程好比盖楼房，稳定的身体的姿态就是楼房的架构，扎实的耐力基础是楼房的地基，而速度是楼房的高度。核心力量的练习帮助我们始终保持稳定的姿态，循序渐进踏实的有氧心率跑帮助我们打下良好的耐力基础，两者都具备了，我们的速度自然会慢慢提高。千万不可急于求成，从而舍本逐末。

以上，仅是我们本着专业精神，想跟读者分享的理念和心得。值本书即将面世之际，我们希望大家还能结合本书特点，从专业方面、休闲健身和世界视野来看待跑步和享受运动带来的快乐。本书的初衷并非是要提倡爱好者都去跑满100个数量的马拉松，或者做出超能力的极限挑战，而是让身处不同阶段和需求的跑者能够根据自身的情况去充分享受跑步和比赛之过程，都能有所收获。

最后，祝大家都能开开心心享受每一次的跑步，踏踏实实不辜负每一次的训练，健健康康一辈子。

汪成荣和孙英杰夫妇

2019年春，于北京

译者序

大千世界，无奇不有，光怪陆离，无时不刻不在期待着具有挑战精神的人们亲身去体验，而跑马则是以一种独特的方式——即自己的双脚亲自去丈量，所以更加深入当地民风，更加接近大自然的气息。正如作者的亲身感受：在此期间锤炼技术，锻炼体魄，磨练意志，仿佛是一种对生命正向的呼唤。

提到要写本书之序，亦见得一些大咖的书籍，是前序加后序，最后竟然有八方来贺的感觉了。虽不敢苟同，但本人也动了一丝念头要将本书之由来、运动之内涵、译文之艰辛，连同感谢诸对象一并发乎于笔端，但转念一想：读者并不是从我们编译的角度来找寻书籍，也不是闲来消遣的，而是要尽快上手运动技术和技巧，回想我们的目的不正是为读者而服务吗？所以应以读者为先，一切从简为好吧。

对此我们在此为您准备了丰富的马拉松素材：南极、北极，欧洲、亚洲、非洲，内容非常全面丰富的介绍；从赛事特点到各种注意事项，以至于到报名方式等等。这本书既是长跑的宝典，又是旅游休闲的路书。

承蒙各界队友和朋友的大力支持，提供了相关信息，修改意见，包括日常训练和参赛的宝贵经验，甚至有过地球之巅北极马拉松跑经历的队友丛丛，亦提供了很多鲜见且有益的极地运动经验和自己内心之旅的纯粹对白，这些都将成为协会和爱好者共同的宝贵财富。另外能有家人、同事，以及业界的朋友在此平台相聚探讨，非常高兴。

特收集几条大家对跑步和健康的看法如下：

刘宝丰老师："享受运动快乐，弘扬和传承中华民族传统文化！"

李艺钢老师："马拉松和铁人三项其实并不可怕，每个健康的朋友都可以参与其中，是一种快乐和享受！"

叶前老师："汗水铸就体魄，信念重塑灵魂，马拉松、铁三是人生路上一道重要而旖旎的风景。"

在本书的译文前，笔者顺带快速研究了一下我大中华近现代翻译的历程和轶闻，以及翻译技术特点。特别选取了诸如许渊冲大师等里程碑式的人物，以期多被熏陶，汲取滋养，最终服务于读者。

关于我们钟爱的运动，引用柏拉图的附言：上帝赋予人类两种手段——教育与运动，一为灵魂，一为身体。二者缺一不可，以至完美。

从进化的角度来说，正是运动使人类大脑变得更大，而更大的大脑又让我们更好地运动。

目录 | 从东半球到西半球

引言

1 新西兰：奥克兰马拉松 **/ 017**

2 澳大利亚：悉尼马拉松 **/ 020**

3 澳大利亚：澳大利亚内陆马拉松 **/ 023**

4 日本：东京马拉松 **/ 026**

5 中国：北京马拉松 **/ 029**

6 中国：长城马拉松 **/ 033**

7 印控克什米尔：拉达克马拉松 **/ 036**

8 俄罗斯：西伯利亚国际马拉松 **/ 040**

9 印度：孟买马拉松 **/ 042**

10 坦桑尼亚：乞力马扎罗马拉松 **/ 047**

11 肯尼亚：萨法瑞卡姆马拉松 **/ 050**

12 埃及：埃及马拉松 **/ 053**

13 俄罗斯：“白夜”马拉松 **/ 054**

14 土耳其：伊斯坦布尔马拉松 **/ 056**

15 爱沙尼亚：塔林马拉松 **/ 059**

16 希腊：雅典马拉松 **/ 062**

17 挪威：午夜太阳马拉松 **/ 066**

18 匈牙利：布达佩斯马拉松 **/ 069**

19 南非：开普敦、两大洋马拉松 **/ 072**

20 瑞典：斯德哥尔摩马拉松 **/ 077**

21 奥地利：维也纳城马拉松 **/ 080**

22 捷克：布拉格马拉松 **/ 084**

23 德国：柏林马拉松 **/ 088**

24 丹麦：哥本哈根马拉松 **/ 091**

25 意大利：威尼斯马拉松 **/ 092**

26 意大利：罗马马拉松 **/ 094**

27 德国：汉堡马拉松 **/ 099**

28 德国：法兰克福马拉松 **/ 100**

29 瑞士：少女峰马拉松 **/ 103**

30 荷兰：阿姆斯特丹马拉松 **/ 107**

31 西班牙：摇滚马德里马拉松 **/ 109**

32 法国：巴黎马拉松 **/ 112**

33 西班牙：巴塞罗那马拉松 **/ 117**

34 英国：伦敦马拉松 **/ 120**

35 苏格兰：尼斯湖马拉松 **/ 123**

36 阿尔及利亚：撒哈拉马拉松 **/ 126**

37 爱尔兰：康尼马拉国际马拉松 **/ 131**

38 冰岛：雷克雅维克马拉松 **/ 134**

39 巴西：里约热内卢马拉松 **/ 137**

40 福克兰群岛：渣打银行马拉松 **/ 138**

41 巴巴多斯：巴巴多斯马拉松 **/ 142**

42 智利：火山马拉松 **/ 144**

43 美国：波士顿马拉松 **/ 148**

44 美国：纽约马拉松 **/ 151**

45 美国：海军陆战队马拉松 **/ 154**

46 牙买加：雷鬼马拉松 **/ 157**

47 加拿大：多伦多瀑布马拉松 **/ 160**

48 美国&加拿大：尼亚加拉大瀑布国际马拉松 **/ 162**

49 古巴：哈瓦那马拉松 **/ 165**

50 美国：芝加哥马拉松 **/ 168**

51 墨西哥：马萨特兰马拉松 **/ 171**

52 美国：大苏尔国际马拉松 **/ 174**

53 南极洲：南极冰川马拉松 **/ 176**

54 北极地区：北极圈马拉松 **/ 179**

后记 **/ 181**

54
17
38
20
13
35
8
27
24
15
34
30
37
23
28
22
32
21
18
33
25
29
6
5
31
26
14
4
7
16
12
36
9
11
10
3
19
2
1
53

引言

本书中搜集到的这些各地马拉松赛事的信息，并不是一件容易的事情。现在，在全世界范围内，从北极到南极洲，从撒哈拉沙漠到许多岛屿，很多地方都举办过42.195千米的全程马拉松赛，各种各样的创意真是让人赞叹不已。

很难想象全世界第一次马拉松比赛早在一个世纪以前就开始举办了，而演变成我们今天这种习以为常的大众跑步盛会，则是从20世纪70年代末才开始的。关于马拉松的传说始于一个希腊的送信者——斐迪辟，他冒着生命危险，只身穿越波斯军的围堵，将胜利的消息从马拉松传送到雅典。到达雅典的时候，他已经筋疲力尽，据说他跑过的总里程远远超过现代马拉松赛的距离。这个故事深深地激励着著名文学家米歇尔·布雷尔，他联合自己的朋友、现代奥林匹克运动的创始人——皮埃尔·德·顾拜旦，将这个从马拉松到雅典的长跑项目纳入到1896年举办的第一届希腊夏季奥林匹克运动会中。

上图：吊桥上的马拉松比赛俯视图

左图：罗马马拉松是一个世界级的比赛，参赛者们穿越罗马城

第一场正式的马拉松赛是1896年4月举办的，这项奥林匹克竞赛就这样戏剧性地上演了，随后在欧洲和北美，很多主办方开始效仿这一比赛。

波士顿马拉松在第二年也成功举办。在经历了世界大战、大萧条以及20世纪80年代的动荡后，马拉松比赛被证明是最具有复苏性质的比赛之一。1909年，英国举办了从温莎到奇西克的理工界马拉松，它是继1908年伦敦马拉松的又一赛事。20世纪五六十年代，在这条路线上创造了很多世界马拉松记录。但是在20个世纪90年代，随着新一批城市马拉松比赛的兴起，这条路线上的马拉松比赛逐渐淡出了人们的视线。

马拉松比赛的“流行公式”是由一个纽约的狂热跑者福瑞德·雷柏在一次偶然机会中提出的。在此之前，马拉松比赛的参赛者一般都是专业的男性跑步者，且参赛者必须以最快的速度完赛，否则就会被退赛。在当地长跑运动员泰德·科比特的建议下，福瑞德·雷柏策划了1970年的纽约马拉松比赛。这次比赛的路线是围绕中央公园跑4圈，可以说是一次“城市”马拉松。当地市政厅抓住了这个想

上图：洁净的空气和壮美的风景是瑞士少女峰马拉松赛事的两大魅力

法，举办了穿过美国5个自治镇的跑步活动。而这在当时被误认为是庆祝美国法案通过的200周年纪念。因此，马拉松赛事得到了迅猛的发展。从1975年的534人到2090人，只用了一年的时间。这一赛事的盛行激励了更多的人参加此项运动，到1980年，已经有约14000名选手参加这个比赛。

本书中的很多马拉松赛事都是借鉴了纽约马拉松赛的经验，柏林也举办了城市马拉松赛。此外，如斯德哥尔摩、巴塞罗那和伦敦的马拉松赛，都借鉴了纽约马拉松赛的经验，各地马拉松比赛的组织者都意识到这将是一项风靡全世界的运动，这也促使了马拉松在20世纪70年代末的纽约获得成功后，又在20世纪80年代初流行于整个欧洲。

而在日本，马拉松赛很早就开始进入人们的视线，20世

纪60年代末，日本福冈马拉松精英赛的参赛者打破了英国马拉松赛运动员的纪录，创造了新的世界纪录。然而，对于大多数日本人来说，马拉松赛仍然是一个“只可远观”的运动，因为除了精英跑者可以参加以外，大众是不可以参加的。因此当时许多日本运动员到国外去参加大城市的马拉松比赛，而日本的马拉松赛事组织者要想举办面向大众的马拉松比赛也是困难重重。最后，经过长时间认真观摩学习其他地区的比赛，加之细心的规划，他们终于在2007年举办了首个面向大众的马拉松比赛，并取得了成功。

相比之下，2003年孟买马拉松比赛刚开始举办时，马拉松比赛在印度几乎是无人知晓的。而如今，孟买马拉松赛已经不仅仅是跑步活动，还是一个穿着奇装异服的狂欢节和慈善筹款活动。组织者利用这一点来吸引企业广告、职业板球运动员以及宝莱坞的演艺明星。跑步和孟买马拉松赛事相关的活动，吸引着数以万计的各地游客。

马拉松比赛风靡世界很多大城市，很多偏远的地区也逐渐开始举办马拉松赛事，目的是为了吸引更多的旅游者。一些大城市的马拉松赛事吸引了大量的外国人，为当地的经济做出了巨大的贡献，比如中国的长城马拉松赛等就吸引了很多游客。尽管参加澳大利亚内陆马拉松赛的绝大多数跑步者都是澳大利亚人，但也吸引了很多外来游客。如果你有足够的勇气去跑马拉松赛，那么它一定有足够的理由吸引你，如果你亲身参加一次马拉松赛，那你一定会得到意想不到的体验。

自20世纪80年代以来，人们逐渐意识到，马拉松赛重在参与，而不仅仅是比赛。比赛和参与看起来好像是两个对立面，对此，不同人会持不同的观点。作为一名非业余马拉松的选手，我会在能更好发挥的地方参赛，我认为跑步中的表现是最重要的，这就是为什么马拉松爱好者们会去纽约、东京、伦敦、芝加哥和北京等地方跑马拉松，而不是去一些更具挑战性或是更具异国情调的地点参加比

上图：西伯利亚国际马拉松在鄂木斯克举行，这里在1990年之前是不对外国人开放的

右图：千禧公园，芝加哥马拉松的里程碑

赛。除此之外，奖金也是各大马拉松赛事吸引众多职业高手参赛的原因之一，纽约马拉松是第一个这么做的赛事，他们为历届比赛中的纪录创造者支付了大笔奖金。

很多时候，比赛者都会关注比赛中个人的最好成绩（即PB），但他们有时候也会被比赛中难以置信的体验所吸引，比如撒哈拉马拉松赛就能给参赛者前所未有的体验。和本书中其他具有冒险性的比赛一样，如长城马拉松或者北极圈马拉松。在比赛临近的时候，参赛者们在赛前的交流，会使他们彼此之间的关系更为融洽，选手们甚至会在撒哈拉难民的家中一起住宿，而这的确能够以一种独特的方式来体验那个地方的赛事。

无论你在什么地方参加马拉松，无论你是当地人还是外国人，你都会有很强的融入感，融入这个国家，感受这个城市。对于一个跑者来说，不管你在什么地方跑完马拉松，这么长的距离，肯定会对此留下深刻的印象。马拉松比赛是世界上唯一一个众多选手可以在同一时间、同一地点与全世界顶尖高手同场竞技、一齐发枪起跑参赛的运动，这也是马拉松比赛最大的吸引力之一。

Prudential
5:00

上图：撒哈拉马拉松赛选手作为难民营留下来的客人，关注萨拉维的困境促进更好的理解

当你一开始起跑的时候，你的目标就瞄准了终点。1982年，休奇·琼斯第二次参加伦敦马拉松并成功完赛，带给了他压倒一切的超脱感。只有当你冲过终点的时候，梦想方能成真。如果跑步者能将自己的注意力集中在比赛的过程中，而不是最终的名次，便更能体会到这种感觉。对于许多首次参加马拉松比赛的人来说，通常需要用几个月的时间来准备，耗费大量的精力和体力，制定很多的训练计划，以便在避免伤病同时，更好地享受比赛。因此马拉松比赛的当天，也就意味着给这段难忘的旅程画上圆满的句号。对于经验丰富的跑者，自然会了解自己的身体机能，便能更快地进入奔跑的状态。无论你的完赛时间是两个半小时，或者6个小时，完成这样一个个人的挑战，确实有着巨大的成就感。

本书恰恰介绍了马拉松比赛中的纷繁多样的精彩体验。神奇的世界一直在那里等着你，作为一名马拉松运动员，你一定有能力去征服它！马拉松赛无疑会让你体会到其中的承诺精神和目标感，但无论如何你都会从中获得回报。通过浏览这本书，一定会把你带到那些神奇的地方。

休奇·琼斯

奥克兰马拉松 | 新西兰

奥克兰马拉松赛给大多数参赛者提供了多种选择，有家庭跑、5公里跑、四分之一马拉松、半程马拉松以及全程马拉松。只有参加全程马拉松赛和半程马拉松赛才会经过奥克兰海港大桥这一标志性的建筑。

奥克兰马拉松赛是1904年由基督教青年会马拉松俱乐部创办的，最开始的路线只是沿着塔马基航道到市中心。直到比赛路线改成包括海港大桥和市中心的时候，奥克兰马拉松赛才开始得到国际组织的更多关注，同时参赛者的数量也增加了，现在每年约有14000人参加，其中一半都是女性。在比赛中，约有3000人参加全程马拉松比赛，这与一些较大的马拉松比赛相比，还只是一个规模不太大的赛事。但是，参加比赛者的切身参赛体验与整个赛事参赛人数的多少并没有太大的关系。

在黎明之前，参赛者登上一艘渡轮，从市中心穿越怀特玛塔港到北岸德文波特的起跑线处。由于大桥在上午9点45分开始通车，因此要提前开始比赛，保证参赛者在有限的时间内穿过大桥。马拉松运动员在早晨6点10分出发，半程马拉松参赛者在早晨7点出发，他们需要在指定的时间到达大桥13公里处（8英里），否则他们会被迫终止比赛。

从图比多湾开始，参赛者在半岛上向北前行，转向距离大陆8公里（5英里）的塔卡普纳。然后他们朝南向桥上跑去，先沿着艾琳公园前行，再沿着海滨向东跑。在到达市中心之前，半程马拉松参赛者会转入到维多利亚公园完成比赛。但全程马拉松参赛者会绕过市中心，然后到码头，朝着一个有“30公里（18.5英里）”的转弯提示标志的堤道继续前行。

参加四分之一马拉松的参赛者们在维多利亚公园外面起跑，并在这里到达终点。而全程马拉松参赛者

当地旅游指南：

伊甸山是奥克兰附近的休眠火山口，一旦登顶，你便可以欣赏到城市天际线的美景。与其类似的天空塔，是这个国家最高的人造建筑，可以俯瞰市中心。而皇后街和市中心是享受美食的最佳地点。塔卡普纳这样的城市海滩也很值得去游览，参加观海豚和赏鲸之旅，去完成一次迷人的野生体验和享受自然之美。

请参阅：www.tourismnewzealand.com

将继续前行公里（3英里），穿过富裕的海滨郊区，然后到达圣赫利尔湾转弯点，他们在沿途可以欣赏到壮观的海港景色。

最后，全程参赛者回到维多利亚公园。那里会举办“公园派对”来迎接疲惫的完赛选手。公园里有乐队、娱乐场所，以及为参赛者提供的大量帐篷，可以容纳约38000人一同参加庆典活动。这场比赛在清晨就结束了，但是热情奔放的庆祝活动远远没有结束。这个赛事的平均完赛时间是4.5小时，大多数参赛者完赛回家后，新的一天才刚刚开始。

右图：整个比赛过程中都能看到的奥克兰标志性建筑——天空塔

下图：跑下坡度陡峭的奥克兰海港大桥标志着起伏路段的结束

我的足迹：

参赛时间：

比赛成绩：

赛事感悟：

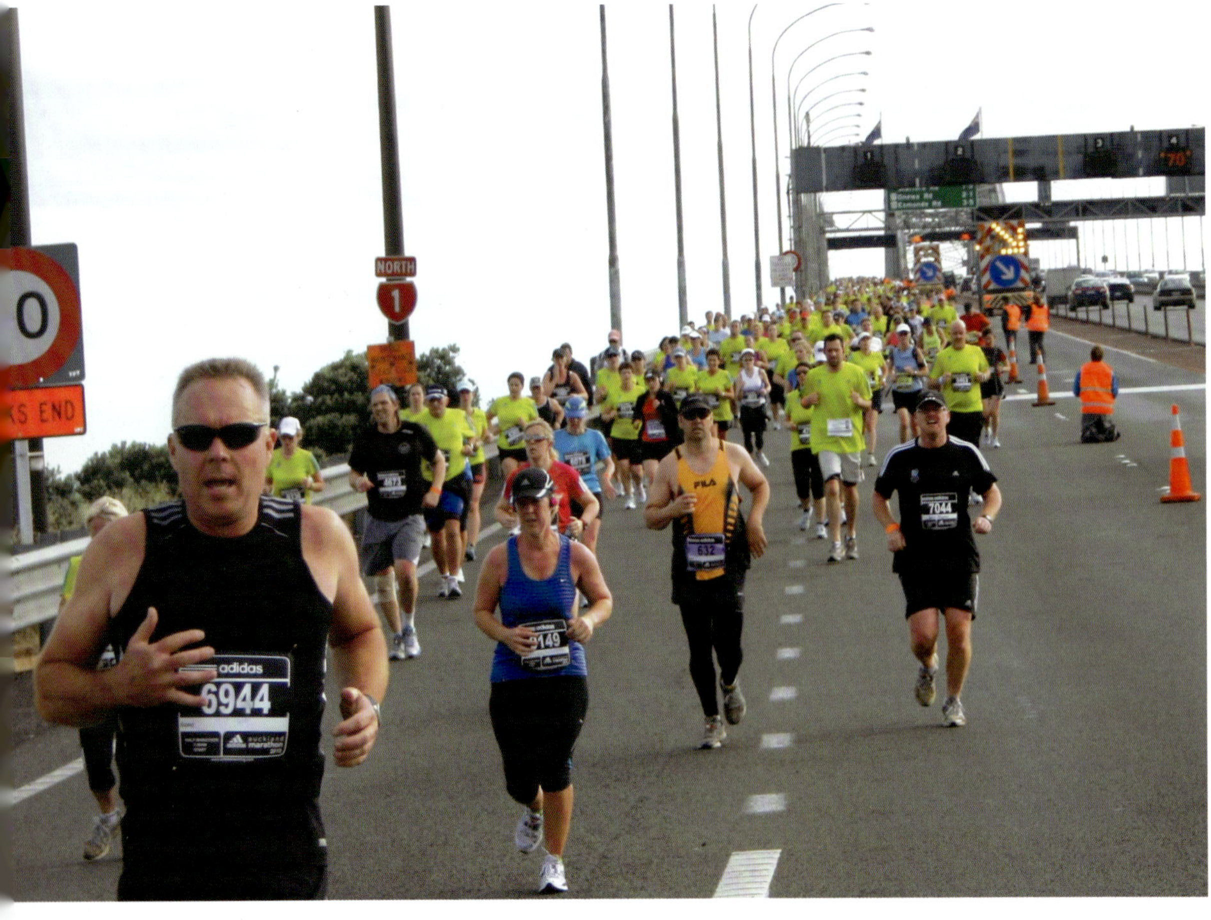

参赛详情：

参赛时间：10月

报名时间：7月

参赛人数：15000

难度指数：6/10

特别提示：路线开始是起伏路，但之后大多是平路，在海岸附近可能遇到侧风，所以要注意补充水分。

☎ (09) 303 0379

✉ registration@aucklandmarathon.co.nz

www.aucklandmarathon.co.nz

悉尼马拉松｜澳大利亚

2000年，在悉尼举办的奥运会将澳大利亚展现给了全世界，这也造就了悉尼马拉松赛。

简而言之，悉尼马拉松赛是2000年奥运会上唯一对公众开放的赛事，从一开始就吸引了7500名参赛者，这个数字一直在增长，现在也是澳大利亚最受欢迎的体育赛事之一。这个赛事的吸引力也是显而易见的——你可以穿越标志性的悉尼海港大桥（Sydney Harbour Bridge），在海港、歌剧院（Opera House）和植物园（Botanical Gardens）尽情欣赏美景。

悉尼马拉松提供了全程马拉松、半程马拉松、9公里（5.5英里）的桥梁马拉松和4公里（2.5英里）的家庭快乐跑，而且都是同时开始的。无论选择哪个赛事，你都会在沿途欣赏到悉尼的世界历史文化遗产和景点。组织者们竭尽全力实现他们的口号——“为大家开心”。家庭快乐跑的路线是直达歌剧院的，而9公里桥梁马拉松还要围着悉尼歌剧院的外围跑一圈。另外，全程马拉松和半程马拉松的路线是设置在城市中心的错综复杂路线上的，那里有许多转弯。全程马拉松会路过百年公园及周边地区，跑步者由市中心向东南方向沿着连续弯曲的道路上前进，它的路线起伏不定，但包括几个长而平坦的部分。当地天气一般是19~21℃，偶尔有微风帮助你降温。

跑步节日的概念使得悉尼马拉松不仅仅是一场比赛，还会让所有参与其中的人获得快乐。主办方明确表示，这一目标已经基本实现了，总共有3万人在悉尼街头参加这一赛事，尽管有些人最终是“走”完了整个马拉松过程。

右图：在悉尼马拉松比赛中可以看到城市的标志性景点

当地旅游指南：

从水中乘坐渡轮离开港口，你将会看到悉尼港和城市的天际线，同时还会看到悉尼歌剧院和海港大桥。你也可以在皮尔蒙特的海鲜市场上享受美食，或者把你的新鲜食物带到邦迪或库吉海滩，并在那里进行烧烤。

我的足迹：

参赛时间：

比赛成绩：

赛事感悟：

6868
参赛详情：
参赛时间：9月
报名时间：6月
参赛人数：30000
难度指数：7/10
特别提示：路线起伏不定，请带上自己的能量胶。
+612 9282 0400
info@sydneyrunning festival.org
www.sydneyrunningfestival.com.au

澳洲内陆马拉松 | 澳大利亚

乌卢鲁作为澳大利亚内陆地区最具标志性的地标，也被称为艾尔斯岩，是澳大利亚土著居民的精神中心。对于那些曾在红色光芒下跑步的人说，这是一个会影响一个人一生经历的地方。

参与此项赛事可以让你近距离地看到澳大利亚中部稀有的而且是私人拥有的“红土”，因为全程马拉松、半程马拉松、11公里（6.75英里）和6公里（3.75英里）马拉松都是在私人土地上举办的，这些私人土地不仅禁止游客进入，对生活和工作在当地尤拉拉镇和周边地区的人也是禁止进入的。

本图：这个赛道非常吸引人的两个地方是壮观的乡村和田园小径。

围绕艾尔斯巨石这个"红色中心"慢跑，几乎让人感觉你奔跑在一个不同的星球上

澳洲内陆马拉松比赛是由远见卓识的马里·马尔先生和迈克尔·沃尔顿先生在2004年访问乌卢鲁期间开始策划的。他们两人都为名为 Travelling Fit 的机构工作，而且他们之前也都没有来过乌卢鲁，但他们对这个地方心存敬畏，并且认为这里将会成为举办马拉松赛事的理想场所。经过几年的努力，到2008年，乌卢鲁终于获得了创办马拉松赛事的许可，这样，澳洲内陆马拉松赛也就诞生了。

乌卢鲁（Uluru）和卡塔楚塔（Kata Tjuta）（当地名为奥尔加（Olgas）的一大群岩层）让参赛者和观众都能从比赛路线的各个角度，欣赏到这些世界遗产名录中令人惊叹的景观。然而，只有当你从远处看到整个景色时，才能真正感受到它们是多么的宏伟壮观。在这个比赛上，观众非常少，这会使参赛者觉得，他们真正在享受跑步，而不是在参加一项比赛。

比赛中大约有2公里（1.25英里）的密封道路，另外，还有2公里（1.25英里）的未开放但分级的道路。尽管有灰尘和污垢，但由于该地区曾经是一个古老的海床，因此，赛道还是较为平坦的。路上还会经过几条沙丘，这些沙丘的景色同样令人叹为观止。

当地旅游指南：

作为马拉松赛的一部分，庆祝晚宴在户外举行，那里有香槟和小吃供应。

当乌卢鲁的太阳落山时，迪吉里杜管（澳大利亚土著部落的传统乐器）演奏者就会为客人们演奏小夜曲。到了晚上，如果找一位天文学家来到现场，他就能在现场给大家指出不同的星座，因为这里没有大气污染，星空显得格外清楚。

请参阅：www.australiasoutback.com。

我的足迹：

参赛时间：

比赛成绩：

赛事感悟：

比赛的赛道由艾尔斯巨石度假村周围著名的红土构成

参赛详情：

参赛时间：7月
报名时间：2月
参赛人数：2000
难度指数：6/10
特别提示：这个地方炎热且干燥，因此需要很好的耐力和适应性。

☎ +61 2 4385 2455 (国际)
✉ sales@australianoutbackmarathon.com
www.australianoutbackmarathon.com

东京马拉松 | 日本

日本境内马拉松赛的举办，让日本成为世界上最重要的举办马拉松赛的国家之一。从1936年至今，它所创造的纪录，在众多马拉松赛记录中，都是首屈一指的。取得这一成绩的关键，在于日本马拉松赛会不懈努力地去关注精英运动员的表现。日本的马拉松赛定位为精英赛，历来都能吸引世界顶级的男女精英运动员前来参赛。通过使用“滚动封控”来释放道路空间，如果参赛者没有按照预定的时间在2.5小时或3小时内完赛，那么他们将被收容车收容。

以前，如果你是一位普通的日本公民，想参加马拉松比赛，那么最好的机会就是乘坐飞机去美国的檀香山参加比赛。那里的参赛者主要是日本选手。但是后来这一切，随着日本的第一场大众马拉松赛事的到来而发生了改变，这就是2007年的东京马拉松赛。自1981年以来，日本马拉松赛已经被定位为精英赛。尤其是在仔细了解了世界其他地区的大众马拉松赛之后，日本花了多年运营这个对大众开放的赛事，使东京马拉松赛风靡全球。

而2007年的东京马拉松赛本身就是一场冲击。因为在这场比赛过程中，下了很大的雨。但是，日本人对马拉松比赛的狂热并没有因此被削弱。那场马拉松赛被渴望参与马拉松的报名者所淹没，当时有超出规定参赛者两三倍的人数申请参赛。日本人对马拉松比赛的热情越来越高，因此，后来许多日本的主要城市都模仿东京，举办自己的马拉松，将赛事不断推广（其中包括大阪、京都、名古屋和神户）。

正因为东京这个城市的支持者众多，公众的热情始终很高涨。路边观看比赛的民众不断给参赛者加油，那些不在路边观看比赛的人则会在电视上观看比赛，对于一场马拉松比赛来说，日本拥有比其他国家马拉松赛更高的电视收视率。

当地旅游指南：

东京拥有世界上人口最多的旅游者，其高科技建筑让人叹为观止。旅行者应该看的古迹有浅草寺、皇宫和明治神宫。为了领略这个大都市的美景，东京都厅的最高层可以将这个城市的景色尽收眼底。

请参阅：www.seeja-pan.co.uk

右图：在日本，马拉松比赛是一项重要的运动，赛事得到了广泛的支持

我的足迹：

参赛时间：

比赛成绩：

赛事感悟：

参赛详情：

参赛时间：2月

报名时间：提前一个月

参赛人数：35000

难度指数：4/10

特别提示：这里有快速而平坦的线路，令人惊喜的是没有拥堵，但需要因不可预测的天气包括风力而做最好的准备。

☎ +81368919600

✉ tm2016@or.knt.co.jp

www.marathon.tokyo/en

上图：芝公园是东京的重要地标，这里的比赛也得到了市民的大力支持

赛事的起点设置在东京都政府大楼，赛道朝着神社方向一路下坡，然后转过皇宫，前往日比谷公园，东京马拉松比赛日是唯一一个在这些关键地标建筑没有其他交通参与者的日子。另外，在11~32公里的路线上，道路是相对平坦的，但在比赛的最后一个阶段，参赛者必须留有足够的体力，跑过三座大桥。

今天，东京马拉松的参赛者来自多达49个不同的国家，而在十几年前，人们只有通过邀请才可以参赛。主办方希望看到参加比赛的国际参赛人数不断增加，他们渴望其他人体会到国家的最新发展。在遭遇2011年的地震和海啸之后，一定比例的马拉松赛事收入被用于赈灾。

（救灾，是短时间的全民行为，是直接到现场的；赈灾，是较长时间的政府行为，是不用到现场的）

北京马拉松 | 中国

北京马拉松赛就像中国蓬勃发展的经济一样，也在不断地发展。现在，北京马拉松赛已经从一个少数人参与的赛事，变成了整个城市用奔跑的方式，释放无限活力，感受运动快乐的盛事。

1980年，全国体育大会在北京举行，大会决定，通过体育运动把中国与世界其他地方联系起来。第二年，北京马拉松赛开始举办，标志着马拉松赛在中国正式诞生。当时只有80多人参加比赛，起点和终点都设置在天安门广场。从1989年开始接受女性参赛，而且在这一年，业余运动员也可以参赛。现在参赛人数已经超过5万人。赛事包括全程马拉松赛、半程马拉松赛和趣味赛等。

北京马拉松赛的起点和终点，曾一度从天安门广场搬到工人体育场，并持续了很多年。直到2008年的北京奥运会后，赛事的起点又回到了天安门广场。除了刚开始那几公里外，城市马拉松赛道与奥运赛道是截然不同的。

下图：北京在马拉松赛的节日里为世界奉上了一场奇观

当地旅游指南：

10月是参观北京的最佳时间之一。国家大剧院值得你去参观。这是莲花盛开的季节，同时也是布满了红色枫叶的季节。北京西部的香山有枫叶节。如果你想度过一个狂欢的夜晚，最好的夜生活场所是后海酒吧街和三里屯酒吧街。

我的足迹：

参赛时间：

比赛成绩：

赛事感悟：

世界上最大的城市中心广场——天安门广场，可容纳百万人。参赛者将会通过人民大会堂、人民英雄纪念碑、毛主席纪念堂和故宫（或称“紫禁城”）。 这些令人印象深刻的景点出现在前几百米的赛道旁，然后就是长而直的路段，整个赛道都在高楼林立的大都市中穿过。

下图：天安门广场是中国意象的代名词，就在这里，在毛主席的肖像之前，马拉松赛蓄势待发

最终，运动员到达“鸟巢”和“水立方”并肩而立的奥林匹克体育场。

北京马拉松赛在每年10月的第三个星期日举办。那时，正值北京的金秋时节，干燥凉爽的气候，能让运动员处于最佳的竞技状态。

参赛详情：

参赛时间：10月
报名时间：7月
参赛人数：50000
难度指数：5/10
特别提示：这是一场为体验奔跑而进行的比赛。天安门广场会受到严密的安全保护，所以请在开赛前至少一小时到达，否则交通可能很拥堵，地铁会是参赛者的最佳选择。

✉ overseas@beijing-marathon.com
www.beijing-marathon.com

在长城上奔跑是人生最难忘的经历之一

长城马拉松 | 中国

对你而言，如果跑马拉松还不算是一个足够大的考验，那么就沿着中国的长城去跑吧。这个举世闻名的5164级台阶长城上的赛道，是马拉松参赛者最大的挑战之一。

许多人把长城马拉松赛称为世界上最艰难的马拉松比赛。同时，它也是最壮观的一场比赛，在这个伟大的人类奇迹上呈现了一场场激烈的竞争。

长城建在山脉上，地势高低起伏，远看像一条长龙，在崇山峻岭之间蜿蜒盘旋，但是美景始终相伴。设置在长城上的路段总长3.5公里，其余路段设置在附近村庄的柏油路上。

参赛详情：

参赛时间：5月
报名时间：提前一年
参赛人数：2000
难度指数：8/10
特别提示：你不是走过长城，而是要在长城中奔跑，所以非常需要耐力。赛事方提供了大量的水，但请自备能量胶。

☎ 4536989899
✉ marathon@albatros-travel.com
www.great-wall-marathon.com
备注：参赛请到官网查询

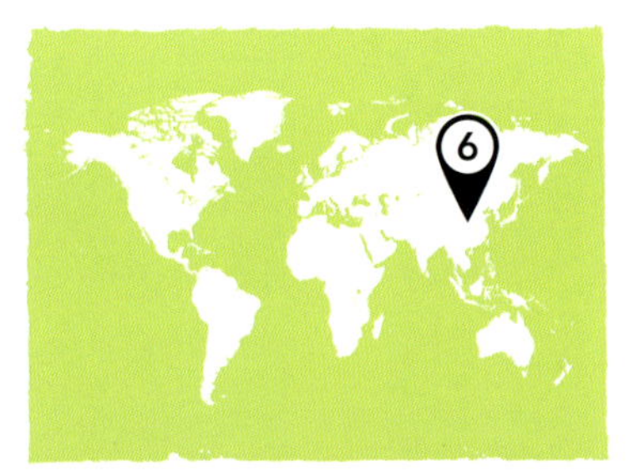

当地旅游指南：

长城这个人类奇迹值得所有人关注，最美的景点之一就是慕田峪，那里不太拥挤，周围绿树环绕。

请参阅：www.cnto.org.uk

我的足迹：

参赛时间：

比赛成绩：

赛事感悟：

参赛者可能以为不会有很多观众，但是当地的村民总是很乐意凑热闹，特别是孩子们，为跑步者提供了极大的支持。在该路线的设置规则上，允许参赛者与家人及朋友在开始和结束时聚集在一起，也为参赛者带来更多的惊喜和快乐。

1999年举办了第一场长城马拉松赛，当时就有300名丹麦选手参加了这个比赛。后来组织者决定一年举办一次。2001年，开始增加半程马拉松赛，2004年又增加了10公里和5公里的赛事。在参赛人数上，从2000年开始稳步增长到十年后的1700多名。比赛就是在这样的一个偏远地区进行，海拔达2000米，物流和补给都需要组织者亲自运输。当地气温通常在20~25℃，但是最高温可达35℃，最低温可达16℃，比赛过程中或许还可能遇到突如其来的降雨。

上图：长城上的赛道表面并不平坦，还会向四面八方倾斜，增加了比赛的难度

右上图：长城马拉松赛是一项马拉松式的高度耐力测试，并不适合那些胆小的人

右下图：土路占马拉松地形的一半以上，还会与当地的居民“亲密接触”

比赛中，长城的台阶是主要的挑战，特别是它们很陡峭、不规则而且不平坦。其余的路线也正在测试中，而且在通往农田和村庄的路线上，还有很多沙砾和土路。这里的比赛不是一场快节奏的马拉松赛事，参赛者不会很在意时间，因为沿线有很多可欣赏的美景。长城马拉松赛为参赛者提供了一个独特的可以游览长城风光的方式。

拉达克马拉松 | 印控克什米尔

当地旅游指南：

尽管在这个地区，跑步是一件相对新鲜的事情，但拉达克是冒险旅游的中心，登山、漂流和骑车都是这里的人们所热爱的运动。拉达克位于巴基斯坦、印度和中国的边界，自古就是具有政治战略地位的地点，游客可以前往主要城镇莱城的几家博物馆，莱城的西藏市场也非常值得一看，莱城附近的印度河谷和Nubra山谷还可以欣赏到壮丽的山景。对于全程马拉松赛、半程马拉松赛和7公里挑战赛的参赛者而言，去卡敦拉山口登顶绝对不会让你后悔。

右图：参赛者通过卡敦拉山口，这里海拔为5370米（17,617英尺），也是世界上举办马拉松赛海拔最高的公路

拉达克位于克什米尔地区，在喜马拉雅山与青藏高原西部相遇的地方，平均海拔超过3000米，最高点是喀喇昆仑山脉的莎瑟峰，海拔高达7600米。拉达克南部和西南部的山脉切断了能带来雨水的季风。除了怪异的天气外，拉达克还属于高原气候，空气干燥，夏季炎热，冬天寒冷。

拉达克是人口密度最低的地区之一，与亚洲大陆其他地区的拥挤形成鲜明对比。这是一个极富冒险精神的地方，继徒步旅行、登山、漂流、骑自行车之后，马拉松成了新兴的项目。

拉达克马拉松赛是由印度最大的户外公司里莫冒险公司组织的，主要的7公里赛道位于海拔5370米高的卡敦拉山口，拉达克马拉松赛还包括半程马拉松和72公里的超级马拉松。稳步增长的参赛人数证明了赛事的成功，从第一年的1500名参赛者，到目前为止，已经上升到4000人。

卡敦拉山口挑战赛（也被称为超级赛）的参赛人数也有所增加，从2015年的11人增加到最近的90人。挑战赛跨越与莱镇北部接壤的山脉两侧。赛程始于海拔4000米的卡尔东村，通过海拔4700米的北普鲁，一路登上卡敦拉山口，然后下到海拔4600米的南普鲁，在拉达克公立学校的位置完成这个72公里史诗般的赛事。莱城海拔3400米，巨大的挑战让参赛者无心欣赏广阔的山地景观。

全程马拉松赛、半程马拉松赛和7公里赛的路线全部都在山的南侧，在莱城及周围的地区，印度河是这三个赛事都会经过的地方，拉达克马拉松赛的线路涵盖了这里所有的景点，包括从高山通往著名的河流。全程马拉松赛始于海拔3600米的香缇佛塔，在那里可以俯瞰整个莱城。参赛者跑到印度河的“低地”，两

参赛详情：

参赛时间：9月中旬
报名时间：同年9月
参赛人数：4000
难度指数：10/10
特别提示：由于拉达克位于喜马拉雅山与青藏高原之间，海拔较高，因此应采取特殊的预防措施和准备工作，以应对海拔和天气的变化。

☎ 919910118739
✉ info@ladakhmarathon.com
www.ladakhmarathon.com

次在马卡莱克和卓兰沙附近过河，最终跑回拉达克公立学校。半程马拉松从香缇佛塔开始，但是从印度河的北侧过去，以较短的路线到达共同的终点。

自2012年开始，本地选手一直主导着拉达克马拉松赛，在2015年的比赛中，来自奥地利的凯塔琳娜获得了非本地参赛者的第三名，他说："这是我迄今为止参加过的最困难的比赛。"

组织拉达克马拉松赛十分复杂，因为从饮用水到T恤等，所有东西都必须从低海拔地区空运到莱城。医疗援助也至关重要。莱城海拔高，几乎所有在这里跑步的非本地参赛者都是从低海拔地区来的。在2015年的比赛中，主办方共准备了14辆救护车，军方也提供了医疗队，途中的一些援助站由赛道经过的当地村庄负责，这给整个赛事带来了浓厚的地方色彩。

7公里挑战赛的援助站设置在Nubra山谷上，这是当地民族创始人Motup的故乡。拉达克马拉松的魅力除了沿途的自然景观之外，还在于它实现了在此地土生土长人们的梦想。

我的足迹：

参赛时间：

比赛成绩：

赛事感悟：

左图：参赛者在印度河附近向上游前进，身后便是Spituk修道院

西伯利亚国际马拉松 | 俄罗斯

在西伯利亚西部的这一地区，人们像期待法定假日一样期待这场比赛的到来。马拉松是如此贴近西伯利亚的灵魂，在城市中心建立了“飞行马拉松”雕像，以提醒那些并不了解这一赛事的人。参赛者来参加比赛的那一天，他们的名字还会被一一展示。

1990年，当鄂木斯克市向游客敞开大门的同时，就组织了一场国际马拉松赛来纪念这一具有重要历史意义的事件。每年都有来自全球各地40多个国家的人们来参加这个比赛。西伯利亚马拉松赛是当地人的骄傲，城市里遍布着马拉松广告。这个城市的媒体不断报道这个赛事，所有的这一切都是为了表达人们的兴奋和期待。在比赛当天，几乎鄂木斯克市的所有人都会到场，包括学生、政治家甚至领取养老金的流浪汉等。

这里是典型的大陆性气候，距离最近的海岸有几千公里，鄂木斯克的冬季寒冷，但比赛在8月初的阳光下举行。2012年，由于西伯利亚马拉松赛和伦敦奥运马拉松赛的时间冲突，而且当时这里的温度高达36℃，因此比赛时间改为9月中旬。后来经过几个在冬季举办的年份后，组织者决定将举办日期又变回到8月初。比赛时，这里的平均气温为22℃。

这里的17世纪建的圣母升天大教堂的钟声，会在整个比赛过程中响个不停。赛道的第一部分，将参赛者引领到19世纪的城镇——沙皇俄国曾经巩固其亚细亚中心的地方。参赛者沿着宽广的额尔齐斯河桦树成荫的路堤跑过去，赛道后半部分则贯穿着城市的工业区域，包括俄罗斯最大的炼油厂。

参赛者奔跑的时候，没有闲暇观看景色。同时，观众们会在很多地方找机会支持参赛者，为参赛者提

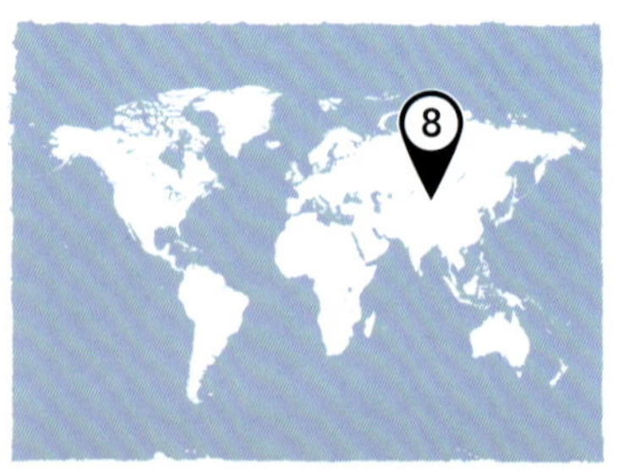

当地旅游指南：

作为俄罗斯伟大的文学巨匠陀思妥耶夫斯基生活过的地方，你可以步行探索位于Lyubinsky Prospekt周边的市中心，城市的大部分历史名胜都集中在这里。它靠近Om和Irtysh河，与商船沙龙、大型住宅和教堂的百年老房子排列在一起。鄂木斯克还是横跨西伯利亚铁路的中心，这条铁路在20世纪初为鄂木斯克带来了巨大的财富。

右图：西伯利亚马拉松赛是从俄罗斯国庆节的第一周开始，也因此得到了假期时当地人的大力支持

我的足迹：

参赛时间：

比赛成绩：

赛事感悟：

供蔓越莓水和自制馅饼。他们尽心尽力地支持参赛者，只有在鄂木斯克，你才能体验到观众如此的热情。

闭幕式的规模几乎和奥运会一样，俄罗斯体育记者鲍里斯·普罗科皮耶夫把它形容为明亮、多彩和华丽，这场运动表演会持续数小时，舞台上用气球和烟花瀑布等特效来展示运动员的风采。

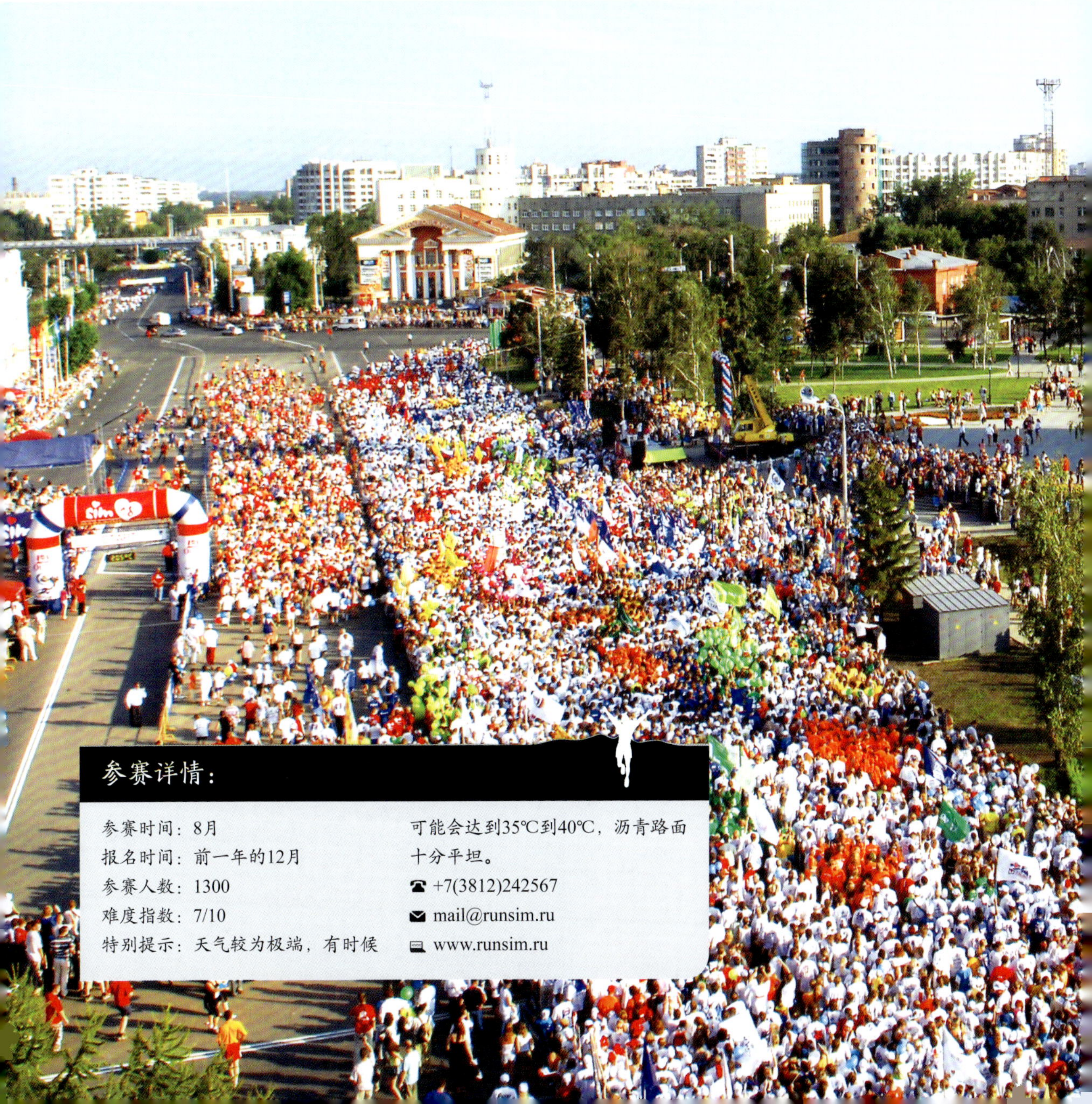

参赛详情：

参赛时间：8月

报名时间：前一年的12月

参赛人数：1300

难度指数：7/10

特别提示：天气较为极端，有时候可能会达到35℃到40℃，沥青路面十分平坦。

☎ +7(3812)242567

✉ mail@runsim.ru

www.runsim.ru

孟买马拉松 | 印度

当地旅游指南：

在拥挤的城市里走一天，你就可能会想要逃避，去寻找更清新的空气。在印度门地标附近乘坐渡轮前往象岛，看看古代神庙和满是雕刻的洞窟。在马拉松比赛之后，你可以给自己一个最好的享受，就是在印度最实惠的豪华酒店之一的利拉酒店（www.theleela.com）享用下午茶。或者，如果你有几天的时间，请坐火车去阳光明媚的果阿，享受那里的海滩。

右图：军用直升机被用来在比赛中航拍

最右边图：这是一场景色极致的马拉松赛，这里的景色吸引着参赛者与各地观众的目光

2004年，孟买马拉松赛诞生时，就期望它像宝莱坞大片那样隆重推出。在比赛前的一个月，每日报纸、街头广告牌到处都是孟买马拉松赛的宣传广告。在大家的密切关注下，这个羽翼未丰的赛事能否顶得住压力呢？

孟买马拉松赛像节日一样，不但有顶级国际运动员的参与，而且当地每个人都希望参与其中。主办方从一开始就知道，为举行马拉松赛而腾出孟买拥挤的街道是不大可能的。这一定需要与当地政府进行一场漫长而艰苦的谈判。最终在民众的共同努力下，这项赛事在准备了一年后，开始正式举办了。

平日里，孟买街头的汽车、卡车、出租车和自行车成群结队，偶尔还有牛车混在其中，但是在马拉松赛的当天，与平日完全不一样，道路被清理得干干净净，整个城市都为马拉松赛让路。每个人，包括宝莱坞的明星、重量级企业家、果汁贩卖者甚至街头的顽童，都在观看或参加这项国际盛事，并为之呐喊助威。

参赛详情：

参赛时间：1月

报名时间：前一年的7月到8月

参赛人数：38400

难度指数：7/10

特别提示：孟买马拉松赛适合经验丰富的跑者，而不太适合第一次参加马拉松的人。这里天气炎热且空气潮湿，所以补给站很多，要注意的是赛道初段和赛道末端比较拥挤。

☎ +912242020200

✉ scmm@procam.in

www.procamrunning.in

Standard Chartered
21
SIMON KASIMILI
18
adidas
2
DAVID TARUS
Standard
DENIS

2009年1月18日的比赛并未能如期举办，一个恐怖袭击企图毁坏这座城市。直到七周之后，这个比赛又重新举办了。孟买马拉松赛是当地公民集体意志的表达，表达了他们的坚强决心和不屈精神。

作为一名跑步者，你将沉浸在比赛当天的热潮中，整个赛道上有一千多名志愿者、私人保安人员和八百名警察。在比赛过程中，你可以将孟买的城市景观尽收眼底，这绝对会令你印象深刻。

因为孟买马拉松赛事的成功举办，跑步已经成为当地的热门运动，这反映了成千上万参与民众的意愿。全程马拉松参与者有4000人，半程马拉松参与者有14000人，而6公里“梦想跑”的参赛者达到了25000人。尽管炎热的天气不利于快速奔跑，但比赛在早晨5时40分就开始了，可以在一定程度上减少气温带来的不利影响。

受邀的精英跑者在孟买马拉松赛创造了很好的成绩：男子2小时10分钟，女子2小时25分钟。在当地观众的激励下，印度本土运动员常常会在比赛中跑出个人最好成绩。

具有包容性和国际精神的孟买马拉松赛不仅仅是一场比赛，更是一个新印度的愿景。

MARATHON

我的足迹：

参赛时间：

比赛成绩：

赛事感悟：

左图：赛场上到处可见的精英跑者

参赛详情：

参赛时间：2月
报名时间：前一年的6月
参赛人数：5000
难度指数：8/10
特别提示：赛道有很长的一段上坡路，路上会变得炎热、潮湿和多尘，温度通常达到30℃以上，但也有很多阴凉处和补水站。由于汽油质量和汽车档次的问题，汽车排放的废气会是困扰参赛者的问题。

☎ +270117022035
✉ reservations@wildfrontiers.com
www.kilimanjaromarathon.com

乞力马扎罗马拉松｜坦桑尼亚

攀登乞力马扎罗山是很多人的梦想，参加乞力马扎罗马拉松赛也差不多，它会把参赛者带到世界上最高的“独立式”山峰。

乞力马扎罗山海拔6000米，是非洲最高峰。冰川从山顶向下流淌，这座巨大的山峰坐落在坦桑尼亚北部不远的地方。在那里，每个人都能看到非洲的标志——基利。

比赛开始的时候，运动员们做好出发的准备，这气氛更像是一个派对

当地旅游指南：

如果有时间的话，可以把非洲的一些特色景点与你的乞力马扎罗之旅结合起来。参观被联合国教科文组织列为世界遗产的恩戈罗火山口，这也是世界上唯一一个既保护野生动物，同时又允许人类居住的地方。塞伦盖蒂国家公园也是值得一去的地方。有些游客可能会在桑给巴尔的海滩上放松，那里距坦桑尼亚海岸仅40公里，美丽的桑给巴尔岛屿还拥有耀眼的白色沙滩和珊瑚礁。

我的足迹：

参赛时间：

比赛成绩：

赛事感悟：

比赛路线对于业余和专业运动员都十分具有挑战性，马拉松比赛开始于莫西球场，沿着一条平坦的赛道跑向达拉斯，在萨拉姆达跑8~9公里之后，参赛者转身跑向山路，在姆韦卡村庄开始逐渐进入坡道，攀登是比赛最困难的部分。乞力马扎罗山的地势高耸，当地村民会出来欢呼，为参赛者们加油打气。在32公里处再次转向，最后一段路是从起点到体育场的一个快速下坡。在整个路线上，补水站和不定时的阵雨可以让跑步者保持清爽。

上图：随着比赛越来越受欢迎，在乞力马扎罗（Kilimanjaro）山下进行马拉松比赛是任何跑者都会珍视的难得体验

右上图：虽然这个马拉松比赛场地相对较小，但得到了很好的规划

比赛沿途风景包括非洲的传统景观和当地人们的生活，路上会看到许多小农场、香蕉树、咖啡种植园和森林。当你经过莫西的市场和商店时，你会感受到真正的非洲风情。当地的孩子们会一起跑过来，握着你的手欢迎你。当地居民对这场比赛非常重视，而且他们很热情，正是他们的存在，连同那座令人惊叹的山峰，构成了你流连忘返的重要原因。

乞力马扎罗马拉松比赛刚开始举办时只有500人参赛，其中大部分是外国人。现在，新增了半程马拉松和趣味跑，已经有超过5000名当地人和外国人参与其中。

萨法瑞卡姆马拉松 | 肯尼亚

把一场马拉松比赛放在一个野生动物园进行，这毫无疑问是大胆的设想。萨法瑞卡姆马拉松赛始于2000年，当时这片大陆没有别的新鲜东西。该地区的电信运营商Safaricom帮助并推动了这场赛事，不但增加了外国人对非洲的兴趣，而且把马拉松赛作为提高当地居民生活意识的手段。自首届萨法瑞卡姆马拉松赛以来，它已经为肯尼亚各地的野生动物保护、社区发展、卫生和教育项目募集了300多万美元。

这个赛事赛道沿线有很多引人入胜的景观，肯尼亚山位于勒瓦野生动物保护区的南面，北面有桑布鲁国家保护区和奥利洛克韦山的壮丽景色。没有柏油的道路非常具有挑战性，比赛路线全部在土路上，包括有21公里的起伏路，横跨开阔的草地，沿着河岸和相思树林，最后来到莱瓦公园总部附近。半程马拉松赛运动员跑一圈，全程马拉松运动员跑两圈。

这里生态环境保护良好，占地26000公顷的野生动物保护区拥有犀牛、大象、斑马、长颈鹿和水牛在内的各种平原动物，因此您将会和这些野生动物亲密接触，这个比赛的快感是你在动物的领土上奔跑。一支庞大而经验丰富的武装护卫队会在整个比赛期间监视着这条路线，共有两架直升机和一架侦察机在空中飞行。沿途每2.5公里设置一个补给站和急救站。非洲医学研究基金会（AMREF）、飞行医生服务处、肯尼亚红十字会以及当地医院为赛事提供医疗支持。

观众可以在某些地点进入比赛赛道观看，而除了这些规定的地方，由于限制进入赛道的规定，参赛者得以在远离文明的广阔荒野中尽情欣赏风景。大多数跑步者和观众会在比赛前后到达保护区，在那里建造露营。这给了跑步者一个在非洲丛林露营的机会，还可以看到许多野生动物。

11

当地旅游指南：

就像其他马拉松比赛一样，勒瓦周围有丰富多彩的旅游资源，而且还有很多野生动物，勒瓦野生动物保护区为游客提供了可以沉迷于自然的美景。这里将带你近距离接近豹、狮子、犀牛和大象等。你也可以在丛林中散步，享受穿梭在动物和植物之间的感觉。

MARATHON

我的足迹：

参赛时间：

比赛成绩：

赛事感悟：

6月底，天气转暖，中午气温高达30℃，早晨和晚上凉爽，山上有强风。此外，比赛在海拔1700米的地方进行，这对参赛者的跑步节奏有一定的影响。

左图：在这场马拉松比赛中看到野生动物的情况并不少见

下图：马拉松赛道直接穿过斑马、大象和长颈鹿的栖息地，所以必须采取预防措施

参赛详情：

参赛时间：6月
报名时间：至少在参赛的前1年
参赛人数：1000
难度指数：8/10
特别提示：高海拔、起伏、暴晒和炎热是这里的特点，萨法瑞卡姆马拉松赛不是一个轻松的比赛。野生动物在赛道附近漫步，当然，警卫可以处理任何危险的状况。每隔2.5km设置一个补给站。

☎ +20222606930
✉ marathon@lewa.org
www.lewa.org/support-lewa/safaricommarathon

参赛详情：

参赛时间：1月
报名时间：前一年6月
参赛人数：1500
难度指数：7/10
特别提示：当地的孩子们可能会进入赛道，您可能会被孩子们骗钱。

☎ +20222606930
✉ info@egyptianmarathon.net
www.egyptianmarathon.com

埃及马拉松 | 埃及

跑步运动在埃及和金字塔一样古老，塔哈尔卡国王在公元前690~665年间，为他的军队修了一条100公里的道路用于古埃及赛车以及马拉松比赛。现在标准的42.195公里的马拉松赛道就在这条线路上。

作为马拉松赛主办城市卢克索，在每年伊始就开始为比赛做准备。此时，北半球的大部分地区正遭受寒冬的袭击。埃及马拉松的第一个项目是3.4公里的热身赛，这个热身赛从卢克索神庙开始，然后在拥有两千多年历史被称为底比斯文明中心的大型综合体卡纳克神庙内完成。参赛者经常会在沿途看到身穿各种各样埃及王国服饰的观众，包括从法老王到埃及艳后等风格的服装。

正式比赛在第二天上午7：30开始，比赛从尼罗河西岸出发，届时可以欣赏到女王哈特谢普苏特墓的壮丽景色，它也被称为"辉煌的辉煌"。

比赛路线为四圈，会将参赛者带到世界闻名的国王谷入口处。国王谷埋葬着许多法老，著名的图坦卡蒙就埋葬在这里。参赛者在宽阔的赛道上可以一边跑步，一边欣赏埃及几千年的文明遗迹，比如拉姆西斯三世神庙，以及门农的巨像等。除此之外，还有永恒的埃及乡村，那里有甘蔗、紫花苜蓿和枣椰树。当你从纸莎草带上经过时，你本人也成了风景的一部分。

我的足迹：

参赛时间：

比赛成绩：

赛事感悟：

左图：奔跑于埃及马拉松赛的路线上，一个个古代的地标接踵而至，就像是穿梭于时间的长河中

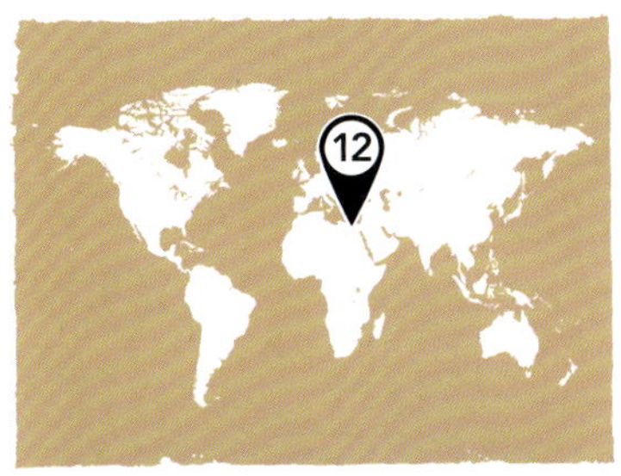

当地旅游指南：

如果你来到这个地区，不必走很远的路，就能游览这个星球上最令人敬畏的古代庙宇。国王谷是一个著名的景点。城里有三个重要的景点：繁忙的市中心、卡纳克的东北部村庄，以及位于世界闻名的尼罗河西岸底比斯的许多古代遗迹。 到了晚上，在古迹周围还有灯光秀。

请参阅：www.exodustravel.co.uk。

安全提示：

在考虑前往政局不太稳定的地区时，请遵循政府的旅行安全建议。

“白夜”马拉松 | 俄罗斯

这个马拉松赛事的名字，源于俄罗斯北部的城市圣彼得堡，这里有着一直亮着天的夏天，因此被称为“白夜”。这里夏至前后，每天几乎24小时太阳都不落。因此，许多人说圣彼得堡是俄罗斯最美丽的城市，这里为旅游者提供了独一无二的体验。

与世界主要城市举办的其他马拉松赛事相比，“白夜”马拉松并没有那么成熟，没有为国际选手提供和其他地方马拉松赛相同的设施。到目前为止，这个比赛还没有官方的旅游运营商，甚至没有在线报名服务。对于许多来这里参赛的人来说，没有正规的管理是一场噩梦，难以想象的是，这场被赋予与老式马拉松同样精神的马拉松赛，却是在一个现代大都市举办。

我的足迹：

参赛时间：

比赛成绩：

赛事感悟：

参赛详情：

参赛时间：6月末

报名时间：同年1月

参赛人数：1100

难度指数：5/10

特别提示：相比其他的马拉松赛，这个马拉松赛的组织和设置不是很好，所提供的补给和援助很少，请提前做好准备。

☎ +8123129015

✉ info@wnmarathon.ru

www.wnmarathon.ru

当地旅游指南：

您可以花一天的时间，来探索在比赛中可能会错过的经典。彼得和保罗要塞是圣彼得堡现存的最古老的建筑，始建于1703年，最初由彼得大帝建造，到1917年成为监狱。这里曾经囚禁过的著名囚犯包括：陀思妥耶夫斯基、亚历山大·列宁和高尔基。另外，彼得和保罗大教堂也是一个不可错过的景点。还有彼得宫城，那里曾经是沙皇夏宫的公园，宫城中有雄伟的宫殿和喷泉。

来到这里的人会发现，俄罗斯最伟大、最绚丽多彩的城市在等待着他们。马拉松路线沿着河的堤岸而设，涵盖了世界著名的冬宫博物馆与神话般的建筑、绿地，以及主要购物区等地标，赛事的起点和终点都设置在市中心的宫殿广场。

圣彼得堡是沙皇彼得大帝在300年前建立的，它于1712年成为当时沙皇俄国的首都。“二战”期间，当时圣彼得堡叫作列宁格勒，尽管忍受着饥荒和苦寒，但列宁格勒的近三百万人民群众拒绝向敌人投降，他们被困在这里长达几百天。

这场马拉松比赛要求斯多葛主义，许多人认为这会增长经验。黑麦面包、香蕉和瓶装水会在定点的补给站发放。如果您想要运动饮料和能量胶，最好自己准备。这里提醒您时间的不是时钟，而是计时员在路边的大喊。

下图：“白夜”马拉松赛是2003年圣彼得堡三百年庆典的一部分，庆典还包含其他有趣的跑步项目

伊斯坦布尔马拉松 | 土耳其

伊斯坦布尔是亚洲与欧洲的交汇点，其独特的地理位置，使这个城市的马拉松赛成了世界上唯一一个跨越两大洲的比赛。

伊斯坦布尔马拉松最初是由一大群来自德国的选手发起的，他们在跑完尼罗河马拉松之后，想尝试在其他地方参赛。1979年，在伊斯坦布尔举办了第一场马拉松比赛，当时的伊斯坦布尔马拉松赛，提供了34名外国选手的名额，而那时，很少马拉松比赛会专门为一小群外国选手提供服务。伊斯坦布尔处于欧亚大陆交接的位置，它充分利用地理优势来吸引外国选手参赛，并有专人为外国选手参赛提供服务。

马拉松参赛者穿过横贯欧亚大陆的博斯普鲁斯海峡大桥，在距离亚洲几百米处完成比赛。从靠近亚洲一侧的桥上上坡前进，到靠近欧洲一侧下坡，再跑5公里后，到达博斯普鲁斯海峡前，海拔一共下降了90米，此后的路线几乎都是平坦的。

伊斯坦布尔马拉松的线路提供了欧亚两大洲与博斯普鲁斯海峡、金角湾和马尔马拉海三大战略和历史水道之间的历史和风景组合。与此同时，参赛者还可以游览拥有三千多年历史的曾是三个帝国首都的地标性建筑。

沿着博斯普鲁斯海峡，巨大的俄罗斯船只悄无声息地从黑海向地中海前进。在岸上，参赛者可以领略这里的历史变迁，从15世纪的鲁迈里要塞堡垒到现代的加拉塔萨拉依足球场。经过10公里后，参赛者将通过62米高的中世纪石制加拉塔塔楼（一座奥斯曼帝国时代前的基督教遗物），然后穿过金角湾的加拉塔大桥。

右图：博斯普鲁斯海峡大桥是亚洲和欧洲的分界点

参赛详情：

参赛时间：11月

报名时间：2月

参赛人数：4500

难度指数：5/10

特别提示：伊斯坦布尔是热门旅游目的地，请提前规划好你的行程。观众和赛事服务人员比较少。天气经常阴晴不定，注意带好防暑用品及雨具。

☎ +2124533000

✉ info@istanbulmarathon.org

www.istanbulmarathon.org

上图：博斯普鲁斯大桥长度为1公里（3/4英里），参加趣味跑和马拉松比赛的参赛者有10万人

随后，参赛者沿着历史悠久的航道西岸行进7公里，再穿过城镇，到达马尔马拉海。

在20~40公里赛段，参赛者沿着15世纪托普卡帕宫的海岸线返回，这里曾是奥斯曼帝国的所在地。因为海滨向北延伸，因此变成了博斯普鲁斯海峡。在最后一个丘陵处，参赛者向左转向内陆，从宫廷花园上行，经过拜占庭风格的圣索非亚大教堂拜占庭，到达已有300多年历史的蓝色清真寺旁边，参赛者会踏过这里地面上覆盖着的两万多块蓝色瓷砖。

比赛时间在10月中旬，上午9点开始，这个时间是最适合跑步的时间段。除了最后一公里外，比赛节奏都很快，因为2:10和2:27的赛事记录会不断地提示参赛者。而这些记录是最近才创造的：土耳其本土运动员穆罕默德·泰尔齐于1985年创造的赛事最好成绩，在20多年后才被打破。2006年，他的记录被提高了一秒钟。

伊斯坦布尔在拜占庭帝国时期享有较高的地位，有“大城市”和“帝王之城”之称。选手们在此参加该项赛事，也会感受到这个城市的伟大。对于来这里参赛的人来说，他们不仅会完成身体上的挑战，还会被这个世界名城的魅力所深深吸引。

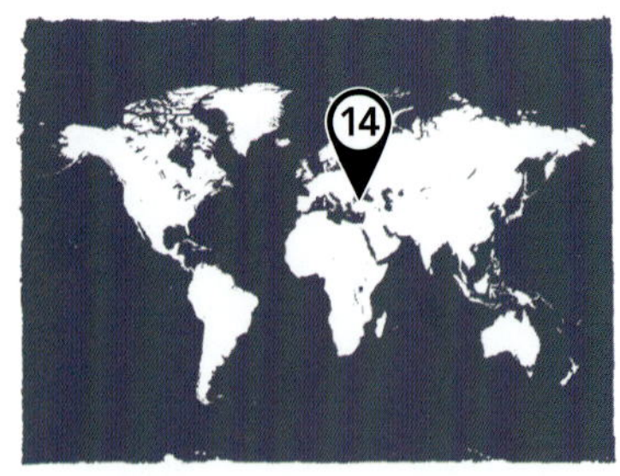

当地旅游指南：

伊斯坦布尔这样有历史底蕴的城市将永远占据你的感官。当清晨游人较少时，清真寺托普卡帕宫是你最好的去处，推荐去第四个庭院和后宫。此外，蓝色清真寺也值得参观，晚上会有一个声光表演。到了晚上，独立街周围的街道上拥有许多可提供夜生活的场所，如别致的咖啡吧、小酒馆、餐厅、夜总会和俱乐部等。

请参阅：www.goto-turkey.co.uk。

我的足迹：

参赛时间：

比赛成绩：

赛事感悟：

塔林马拉松 | 爱沙尼亚

爱沙尼亚于1987年才宣布从俄罗斯独立出来。经过多年的努力，加上市政府的重视，马拉松赛于2007年在极短时间内被取消后又重新启动。马拉松赛包括全程马拉松、半程马拉松、10公里赛和娱乐跑，它们在同一时间举行。

在柏林、伦敦和纽约，马拉松路线上都有着许多景点。但是在这个冷战时期的著名城市——爱沙尼亚的首都塔林，参赛者可以领略这里与众不同的魅力。塔林拥有着丰富的历史和文化，作为联合国教科文组织世界遗产地以及2011年的欧洲文化之都，当地人都为它感到自豪，这也为波罗的海的未来注入了乐观精神。比赛路线开始于新的商业区，然后经过塔林的旧城区、拥抱公园、旧城墙和一个著名的珠宝古镇。沿着海滨小路和海滩，在通往塔林码头及其外部城市的东边，参赛者可以稍作休息。

9月的气温通常很凉爽，一般为8~15℃，这样的自然条件使得塔林成为波罗的海最适合跑步的城市。参加半程马拉松赛、10公里赛和娱乐跑的参赛者总计超过17500人，其中只有1000人参加全程马拉松赛。

在最近一次的统计中，有来自40个不同国家的运动员参赛，这说明了爱沙尼亚马拉松的成功。参赛者主要来自德国、芬兰、英国和俄罗斯，但更多的是从美国蜂拥而至的参赛者。环保且目光敏锐的组织者甚至为每位参赛者发放手机，内置了有关比赛所需的一切。此外，在塔林马拉松中还运用了其他最新的技术。

在这里跑步，您不仅可以看到社会的蓬勃发展，还可以欣赏到当地的音乐表演、展览和迷人的民间传统节目。

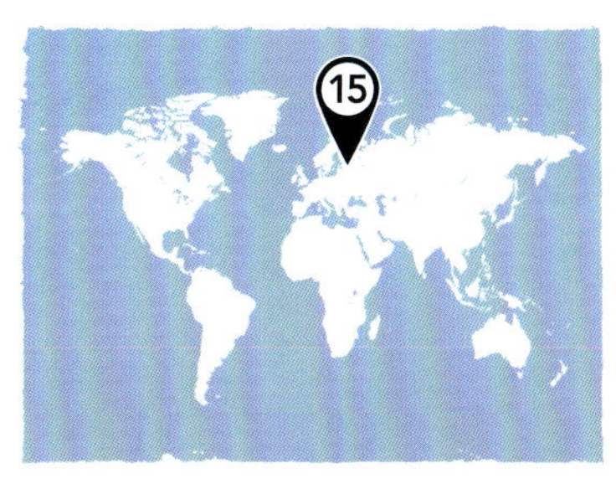

当地旅游指南：

塔林的中心是被称为“中世纪心脏”的托姆比亚，非常值得您去探索。大多数人不知道的是，塔林还有一个令人惊叹的海岸线，距离市中心只有20分钟的车程。皮里塔海滩距离白沙滩约3公里，背后是海风吹拂的棕榈树，在炎热的夏日，很多当地人也会来到这里度假。

请参阅：www.tourism.tallinn.ee.

我的足迹：

参赛时间：

比赛成绩：

赛事感悟：

上图：马拉松比赛起点的鸟瞰图

右上图：在马拉松比赛当天，有超过一万名参赛者涌上街头，包括独自来参赛的孩子

右下图：塔林马拉松收取欧洲性价比最高的报名费

右图：参加塔林马拉松是从全新角度审视这个未被发掘城市的最佳途径之一

参赛详情：

参赛时间：9月
报名时间：同年4月
参赛人数：12500
难度指数：5/10
特别提示：当你到达城市的边缘时，补给很少。特别要注意的是，赛道包括一些鹅卵石街道，可能会对你的脚踝和膝盖有些许挑战。

☎ +3726548462
✉ info@talinnmarathon.ee
www.tallinnmarathon.ee

雅典马拉松 | 希腊

从马拉松到雅典的路线是马拉松神话的一部分，马拉松赛的传奇故事始于公元前490年，并于1896年在现代奥运会旗帜下复活，成为持续努力的代名词。

传说，有一名士兵使者从马拉松被派往雅典，传送他们击败了波斯军队获得胜利的消息。更令人信服且更加具有英雄主义的故事是，在马拉松作战的11000名希腊士兵，从战场返回雅典，阻止了波斯军的第二次进攻。

参赛详情：

参赛时间：11月
报名时间：同年1月
参赛人数：12000
难度指数：8/10
特别提示：被认为是世界上最艰难的马拉松之一，很大程度上是由于这里有很多丘陵路段。温度变化很快，对经验不足的参赛者来说并不容易适应。

☎ +302109331113/2109315886
✉ registrations@athensclassicmarathon.gr
www.athensclassicmarathon.gr

当地旅游指南：

希腊首都经常雾气弥漫，看上去比较神秘，但它的纪念碑，如帕台农神庙是必须要看的。一定要前往海岸，例如，您可以乘坐渡轮前往克里特岛，并参观普拉基亚斯镇。你也可以留在雅典，探索阿提卡半岛。从格力法达或者葛美尼半岛出发，沿着海路寻找斯尼旺，波塞冬神殿和雅典娜神殿的遗迹。

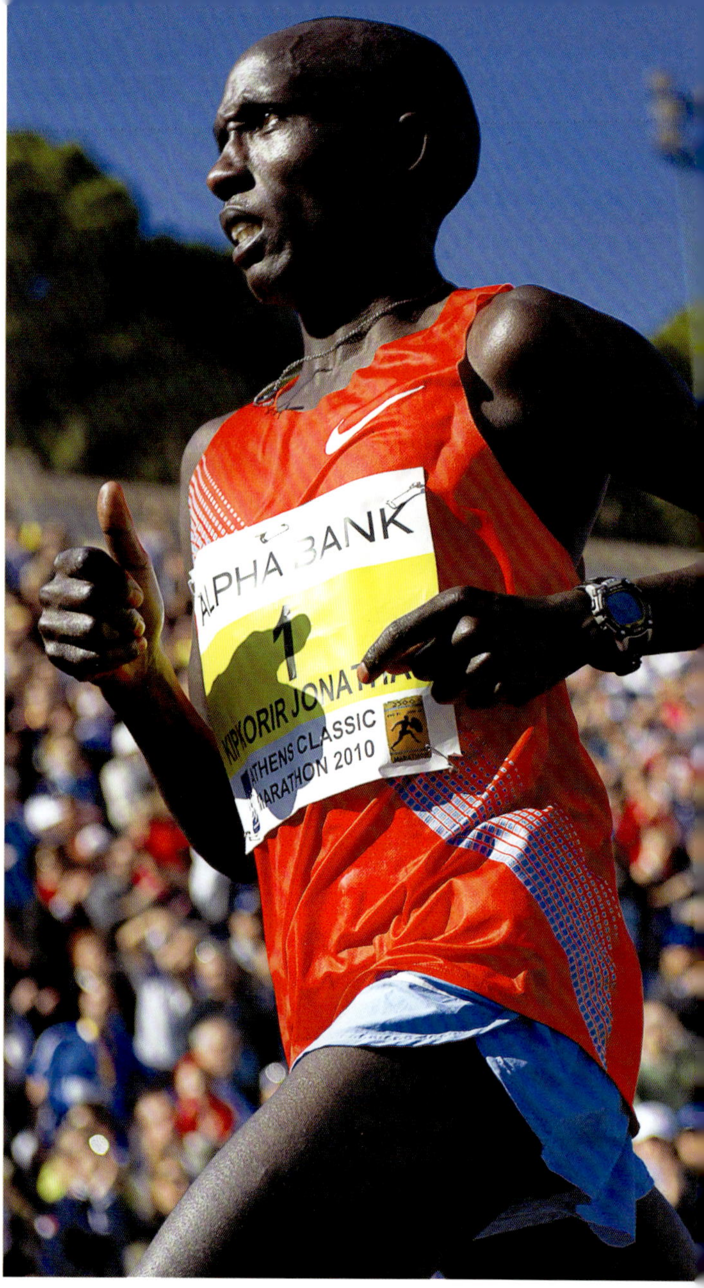

我的足迹：

参赛时间：

比赛成绩：

赛事感悟：

士兵所跑的距离可能达到45公里，但从战场到雅典市中心的距离大约是40公里，这成了1896年在雅典举行的首届现代奥运会马拉松比赛的距离。

在1908年伦敦奥运会之后，马拉松距离标准化为42.195公里，比雅典马拉松赛增加了2.195公里，以此来表示对这位希腊士兵的纪念。

上页图：马拉松比赛的终点是在壮观的白色大理石体育场内，这个体育场是为了纪念1896年奥运会，在古代运动场遗址的基础上改建而成的

上图：在距离终点150米（492英尺）的位置是第一届现代奥运会的核心——大理石帕纳辛纳科斯体育场，在这里的每一步都充满了历史气息

原来的路线大多是陡峭的地形，甚至偏向于越野跑。今天，马拉松比赛的起点设置在为1896年奥运会而建的体育场的入口，这里有一条现代化的高速公路。赛道几乎是平坦的，但路线从11公里处开始上坡，直到31公里处到达山顶，然后逐渐向雅典市中心方向下坡。为了给这场历史性的比赛增添更多观赏性，参赛者可以俯瞰帕台农神庙，还可以看到附近的卫城顶部闪闪发亮的独特景观。

参赛者很可能会看到许多穿着古希腊军装、带着头盔的观众，对于马拉松先驱者来说，拿着真正的剑和穿着全身的盔甲并没有什么困难。2010年，在庆祝马拉松战役2500周年庆典之时，12000个马拉松参赛名额在三周的时间内被抢注一空。马拉松赛的参赛人数继续增加到16000人，10公里和5公里的比赛在两天之内就有20000多人报名。

马拉松赛的路线是从原始战场到雅典重建的体育场，由于赛事具有很久远的历史，赛道一直尽可能地接近1896年的路线，但是随着时间的推移，路面也变得更加平整。

进入雅典的时候，有一些从远处传来的车辆喇叭声，以及周围人群的欢呼声。当参赛者进入古老的白色大理石体育场（由古希腊体育场的遗迹改建而成）的最后100米时，他们可以从精神上重塑自己对过去辉煌的想象。那些参加比赛的人把它当作一种特权，但他们认为与那些最初通过厚厚的灌木丛走上这段旅程并忍受战争伤疤之痛的士兵相比，这些就微不足道了。

午夜太阳马拉松｜挪威

世界上还有什么地方可以在夜间跑马拉松，像北纬70° 那样令人振奋？午夜太阳马拉松是唯一一个可以在北极冒险的机会，它拥有24小时的日光，这给参赛者提供了一个难以忘却的体验。

比赛始于距离北极2000公里的特罗姆瑟，尽管周围的小山顶上还有雪，但这里却是一个温暖的地方。大约5万人生活在挪威北部的非官方首都特罗姆瑟，这个地方的文化积极向上，而且大自然为这片土地赋予了北极光、极地之夜和午夜的太阳。

夏天，太阳会持续出现两个月。这一独特的自然现象为世界上最北端的大陆马拉松赛提供了热烈的氛围。比赛当天气候宜人，夏季气温范围是5-28℃。这里有来自60多个国家的参赛者参赛，他们分别来自英国、美国、德国、瑞典、意大利、巴西和澳大利亚等。 除了全程马拉松之外，还有半程马拉松赛、10公里比赛和迷你马拉松赛，另外还有一场儿童比赛。

赛道位于一条通往市中心的道路上，参赛者通过极地探险家弗里德约夫·南森开拓的广场，爬上长达1026米、海拔44米的特罗姆瑟桥。下桥后，参赛者经过北极大教堂，沿着海岸路向下转弯后约10公里，再次回到大桥上，此时半程马拉松赛到达终点，而全程马拉松选手会穿过城市中心，然后朝北跑，就可以看到午夜太阳。经过又一次的折返之后，路线又回到了市中心，那里的观赛者布满了大街小巷，他们以一种令人振奋的热情为参赛者加油。

特罗姆瑟的居民把午夜太阳马拉松视为把世界带到家门口的赛事。在这个城市，最受欢迎的景点有：北极大教堂、特罗姆瑟博物馆、极地博物馆和在附近的山顶上运行的缆车。尽管位于挪威最北部，但特罗姆瑟却有大都市的感觉。来自130个不同国家的居民，

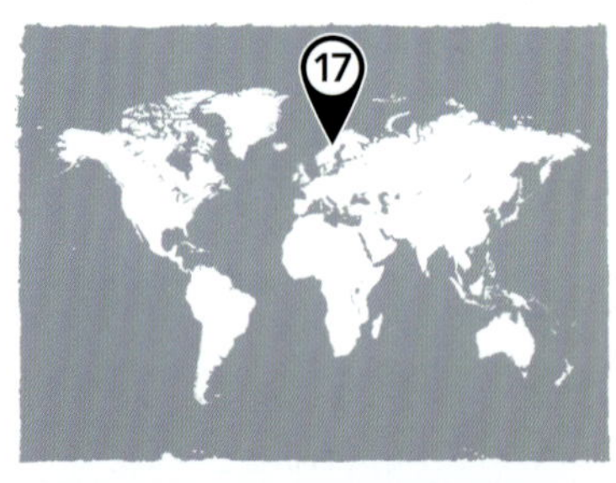

当地旅游指南：

当地人在马拉松比赛结束时，会举办热烈的庆典。因此，一定要在白天保留体力，因为这个地区提供了世界上最美丽的天然景色。这里有北冰洋天然的岛屿、蓝色的峡湾、冰川和1800米高的莱恩阿尔卑斯山。

MARATHON

我的足迹：

参赛时间：

比赛成绩：

赛事感悟：

享受着充满活力的夜生活，当地有迷人的咖啡店、酒吧和餐厅。距离城外不远处就是挪威最美丽的地区之一，那里峡湾和山脉很多，在仲夏时依然覆盖着冰雪。

下图：午夜太阳马拉松赛于晚上8：30开始，对比赛的热情并未因此而减弱

参赛详情：

参赛时间：6月
报名时间：前一年的12月
参赛人数：1000
难度指数：7/10
特别提示：这里非常亲近大自然，在旅途中看到熊等野生动物并不是稀奇的事情。机票和住宿需要有计划地提前预订，尽早做好安排。

☎ +4777673363
✉ post@msm.no
www.msm.no

参赛详情：

参赛时间：10月
报名时间：同年4月到8月
参赛人数：4000
难度指数：5/10
特别提示：线路横跨多瑙河，过程可能比较单调，而且观众较少，赛事规模也不是很大。在比赛当天请预留好足够的时间到达比赛的起点。

☎ +3612730939
✉ info@budapestmarathon.com
www.marathon.runinbudapest.com

布达佩斯马拉松 | 匈牙利

匈牙利首都为跑步者和旅行者提供了丰富的文化体验，这里拥有很多辉煌的建筑，沿着多瑙河分布的建筑，布达佩斯马拉松赛将带您游览最美好的景色。

1837年，布达佩斯由位于多瑙河西岸山丘之间的布达和东岸平坦的佩斯这两个独立的城市合并而成。

比赛大部分的路线沿着多瑙河的堤岸延伸，从佩斯一侧可以看到布达山的全景，而从布达一侧可以看到宏伟的新哥特式圆顶议会大厦的景色，有时还会看到三座著名的多瑙河大桥。

马拉松赛从拥有标志性雕像的英雄广场开始，在匈牙利的首都转一圈，然后回到这附近，完成最终的比赛。这个英雄广场不属于苏联时代（尽管接近当前终点的一个巨大的斯大林雕像被1956年的匈牙利起义从基座上推倒）。英雄广场始建于1896年，标志着匈牙利国家成立数千年，纪念碑的雕像主要是以前的国王。参赛者通过联合国教科文组织世界遗产——绿树成荫的安德烈，沿着令人印象深刻的开放广场出发，途经巴托克·贝拉纪念博物馆和雄伟的匈牙利国家歌剧院。

布达佩斯马拉松每年的路线都不一样，在过去的几年里，布达佩斯有很多建筑竣工，以至于比赛路线每年都要改变，以便使整个赛事能顺利地进行。最近一次比赛的路线是通过玛格丽特岛到达北部的一个环路，然后返回市中心，并通过标志性的链桥。这条链桥始建于1849年，是河流两岸之间的第一条永久性连接多瑙河两岸的链桥。另一边的参赛者在城堡山的南面环绕，然后穿过它下面的隧道，回到路堤，参赛者在跑步过程中，会听到来自隧道的很多回声。

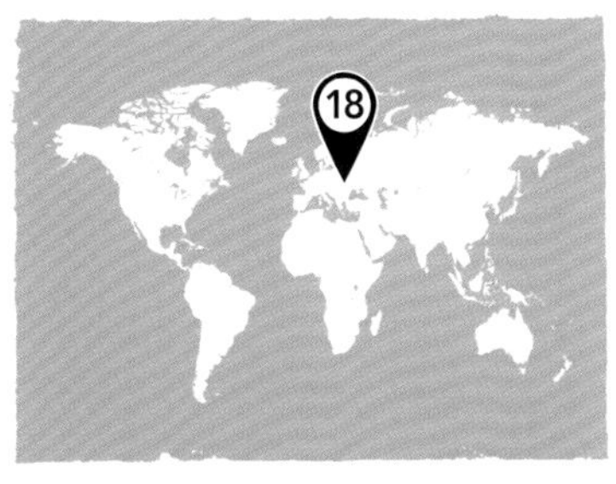

当地旅游指南：

布达是这个城市较古老的部分，而佩斯则是美食的天堂。白天前往新哥特式议会大楼，它是基于伦敦国会大厦而设计的，这是布达佩斯最大、最令人印象深刻的建筑。到了晚上，在匈牙利国家歌剧院上看一场节目，比在许多国家首都顶级表演的价格要低很多。请参阅：www.visitbudapest.travel。

左图：在比赛开始的时候，参赛者从英雄广场出发，南面便是安德拉什大街

左上图：铁索桥是在布达佩斯马拉松赛中，参赛者第一个要通过的地标建筑

右上图：大部分的赛道支持都来自同行的跑步者，因为赛道旁边的堤防，只为观众留下了很小的地方

这条路线在链桥之下延续，经过400年前奥斯曼帝国占领的“鲁达斯”温泉浴场。到下一个折返点之后，参赛者通过匈牙利技术大学回到阿尔格拉特酒店，从那里穿过自由桥。在佩斯特还有一个折返点，然后沿着下方的路堤向北，绕过市中心和令人印象深刻的新哥特式圆顶议会大楼，接着跑完玛格丽特岛环路。

最终，离开议会大楼前面的河岸，最后几公里主要是平坦路线，面临的最大的起伏就是一个跨越内环路的天桥，这是避免关闭欧洲最繁忙电车系统的必经之路。

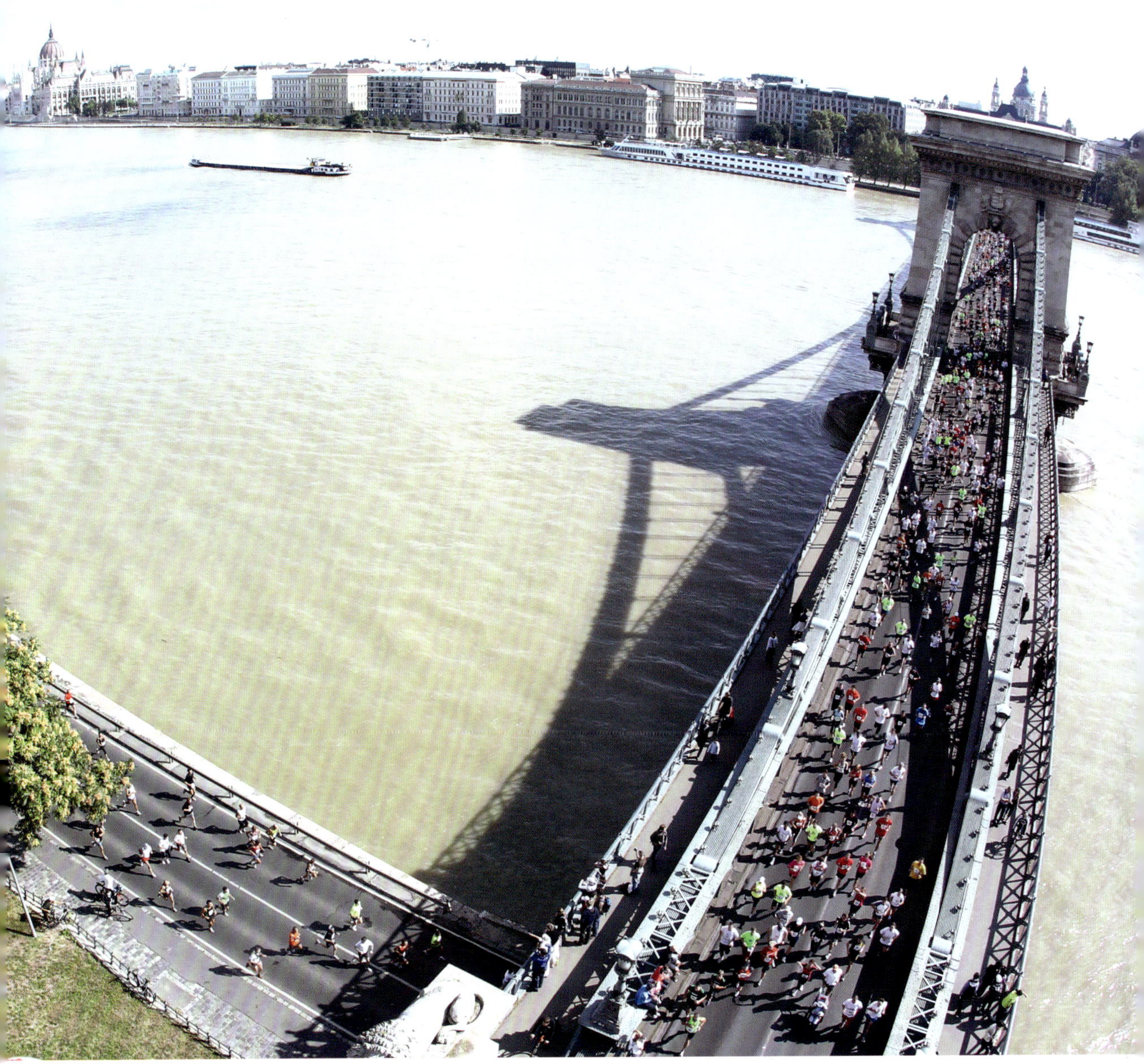

我的足迹：

参赛时间：

比赛成绩：

赛事感悟：

就像哈布斯堡帝国维也纳“双君主制”帝国的其他都城一样，布达佩斯也把音乐作为马拉松的主题，古典音乐会随着比赛的结束而全面展开。疲惫的跑步者可以到布达佩斯的水疗中心去缓解因跑步带来的酸痛。去往19世纪的塞切尼浴场和水疗中心是十分方便的，因为它们靠近城市公园的比赛终点，或者返回16世纪和17世纪的布达鲁达斯温泉浴场，这里气氛温馨。比赛结束时，令人回味的环境和温泉浴场让布达佩斯马拉松赛成了一个吸引人的地方。

开普敦、两大洋马拉松 | 南非

位于开普敦的桌山拥有着惊人的美丽景色，主办方充分利用它优美的风景来举办比赛。开普敦马拉松比赛是在9月份举行的，同时会举办一场更为困难的56公里的两大洋超级马拉松赛，以及一场非常受欢迎的半程马拉松比赛。

就像南非各地的比赛一样，开普敦马拉松比赛开始于上午6点30分，以便充分利用早晨凉爽的天气。在整个比赛中，众多的补给站确保了参赛者拥有充足的水分。这里路线平坦，因此比赛节奏很快。起点设置在开普敦的市中心，并引导参赛者到达隆德波西，然后再回到城市中，这里有维多利亚和阿尔弗雷德海滨、海点和绿点公园。

很多参赛选手报名参加开普敦马拉松比赛，进而参加更多的南非马拉松赛，比如89公里的德班同志超级马拉松比赛，或者两大洋马拉松赛。

下图：平坦、快速的路线及壮观的山海景色，使其成了一个极具吸引力的马拉松赛事

右图：两大洋马拉松的赛道使其成为一场名副其实的艰苦耐力赛

当地旅游指南：

维多利亚和阿尔弗雷德哈斌提供了世界上最美丽的天然港湾。桌湾酒店提供了罗本岛和国内最好的下午茶和美景，而且还会提供从更远地方运送过来的美味佳肴（www.hoteltablebay.co.za）。旁边就是格雷斯角，晚上还可以品尝非洲最好的威士忌。

MARATHON

我的足迹：

参赛时间：

比赛成绩：

赛事感悟：

参赛详情：

开普敦马拉松
参赛时间：9月
报名时间：同年6月
参赛人数：1800
难度指数：7/10
特别提示：比赛开始的时间很早，而且人很少。需要注意炎热的天气。
☎ +27216990655
✉ info@wpathletics.co.za
💻 www.wpa.org.za

两大洋马拉松
参赛时间：复活节周六
报名时间：10月
参赛人数：11000
难度指数：8/10
特别提示：参加56公里的超级马拉松，需要额外的训练。大量山坡的挑战，7小时的截止时间让许多人感到很无奈，而且天气很炎热。
☎ +27216575140
✉ info@twooceansmarathon.org.za
💻 www.twooceansmarathon.org.za

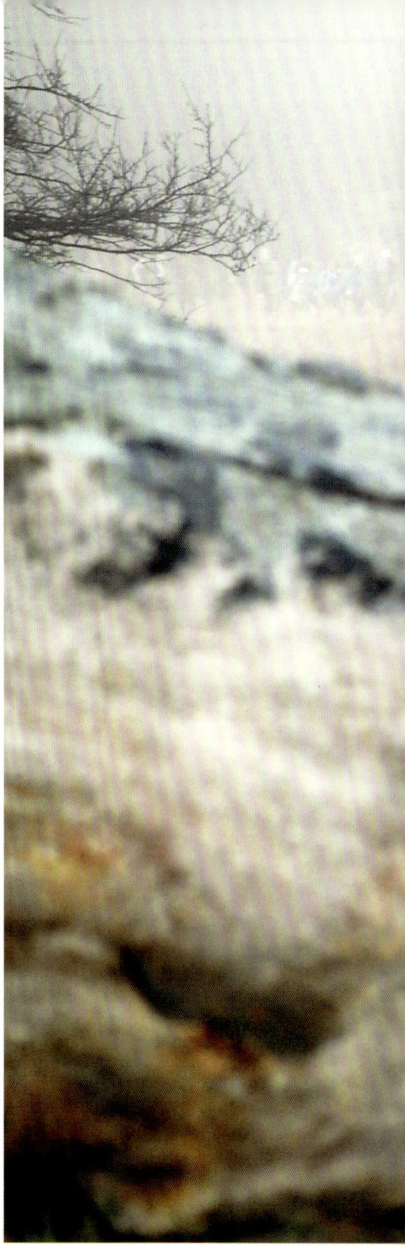

两大洋马拉松赛虽然没有像南非的超级马拉松比赛的路线那么长，但相比于标准马拉松增加了三分之一距离。然而，与开普敦马拉松相比，尽管参赛者前半程可能会一直在相对平直的路线上进行，但是这个比赛远非“平坦和快速”。过了半程就开始攀登查普曼山顶（海拔180米）。从那里下坡到豪特湾之后，在球场的位置再次攀升至康斯坦提亚·奈克（海拔215米）的最高点，然后沿着开普敦大学的起伏路线前进。要获得参赛资格，参赛者必须有在五小时内完成全程马拉松比赛的经历。

左上图：组织者声称两大洋马拉松是“世界上最美丽的马拉松”，尽管这在技术上并不能被称作马拉松比赛

右上图：即使是最有经验的参赛者，这里的风也会使比赛变得困难

两大洋马拉松路线包含了康斯坦博西的花园，以及从霍伊克开始的沿海开阔的海岸线，穿过开普敦半岛到查普曼峰。两大洋马拉松赛并不是徒有虚名，它包括了大西洋和印度洋的海岸线。

转折点出现在上山的路上一个被称为“赛克博西通行证”的地方。当所有的储备都用完时，鼓舞你的就是远方闪闪发光的大西洋，它将留存在你的记忆中很多年。

跑步者沿着斯德哥尔摩古城的水边奔跑

参赛详情：

参赛时间：5月底6月初

报名时间：同年1月

参赛人数：21000

难度指数：7/10

特别提示：与许多马拉松比赛不同，该项赛事在下午起跑，所以如果比赛日气温过高，可能会使参赛者略感不适。

☎ 46854566440

✉ info@stockholmmarathon.se

www.stockholmmarathon.se

斯德哥尔摩马拉松 | 瑞典

斯德哥尔摩马拉松的成功举办表明，只要拥有勇气和决心，几乎任何人都可以举办马拉松比赛。安德斯·奥尔森创办了斯德哥尔摩马拉松赛，1978年11月的一天，在地铁上，《体育画报》杂志上的一篇文章让他感到迷惑不解。这是关于纽约市马拉松比赛的一篇报道，在纽约马拉松的参赛者中有21000名选手在大苹果街头踱步，这与温暖而孤立的瑞典跑步场景形成鲜明对比。奥尔森顿时萌发了这样一个想法：为什么要去纽约？难道我们不能把纽约的成功复制到斯德哥尔摩吗？

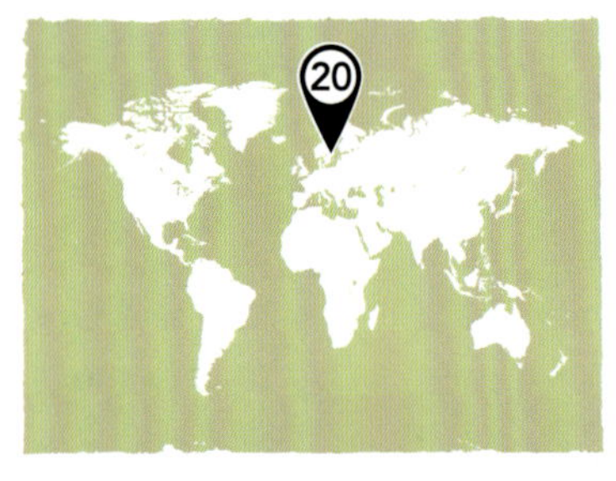

当地旅游指南：

瑞典首都拥有24000多个岛屿，形成一个巨大的扇形海洋世界。在夏季，群岛是水手和船员的天堂，也可以通过公共交通工具游览。乘坐一个小时的巴士、当地火车或汽车，你可以到达各个岛屿。但是，最好的选择是从斯德哥尔摩市中心出发，搭乘经典的白色渡轮，这些渡轮许多都是从19世纪到20世纪初建造的。在那里，您可以探索岛屿的纯粹自然之美。这里有很多酒店、旅馆、露营地，它们都提供很棒的餐饮服务。

请参阅：www.visitsweden.com。

受到这一启发之后，奥尔森不得不说服其他竞技爱好者，而这个想法要想变得可行，最大的挑战是请求警方配合封闭道路。早在20世纪70年代，马拉松比赛就是一个不寻常的项目，这也是偏执者对其喜爱的原因。奥尔森回忆说："一般来说，他们跑在尘土飞扬的乡间小路上，除了一些参赛者的妻子和一些忠实的粉丝之外，没有其他的观众。"1979年8月，斯德哥尔摩马拉松赛已经准备就绪，有2000多人参赛。街道上挤满了观众，道路封闭了，一群热心群众聚集在一起，非常热闹。

运动员首先会在体育场跑两圈。随着两边热情的观众排成一列，之后绕过树林，穿过河流，然后进入瑞典首都的历史遗迹。1912年奥运会的主场馆是整个马拉松赛的高潮，人们都会为它的雄伟而赞叹，这个

左上图：比赛路线围着中世纪的城市、河流和森林

上图：比赛开始于1912年奥运会的主场馆之外，并在这里结束，比赛受到了众多当地热心群众的支持

我的足迹：

参赛时间：

比赛成绩：

赛事感悟：

体育场创造了83个世界纪录。斯德哥尔摩马拉松有来自81个国家的8500名国际马拉松运动员参加，是一个多种文化大融合的节日。

斯德哥尔摩是世界上最美丽的城市之一，建于中世纪。市中心周围有14个岛屿，城外更是有24000个岛群，地理位置优越，四通八达，风景秀丽。斯德哥尔摩是一个有着鲜明对比的城市：水和岛屿，历史和创新，小镇和大城市，漫长的夏日夜晚和短暂的冬日……比赛路线包括首都最好的景点，通往伊丽莎白雅顿公园的树林，穿过市中心的街道，经过皇宫、市政厅、皇家歌剧院和议会大厦等建筑。在赛道西端横跨高大的西方大桥，参赛者将欣赏到这个城市的美景。

维也纳马拉松 | 奥地利

维也纳马拉松的口号是“奔跑维也纳，享受经典”。这种精神在许多方面都得到了体现，从莫扎特到沿途的迷你古典音乐会。这是一场以古典的哈布斯堡建筑为背景的竞赛，特别是伴随着伟大作曲家的古典音乐，因为这里是莫扎特的故乡。

维也纳有很多擅长古典音乐的音乐家。音乐对跑步者会产生不一样的影响。如弦乐四重奏在运动员跑累的时候，就会起到意想不到的激励作用，消除他们的疲惫感。而对于观众来说，这是一场设定为歌剧配乐的体育比赛。事实上，您可能也被莫扎特和施特劳斯等作曲家的音乐所鼓舞。前几年，备受尊敬的西蒙·拉特尔爵士还为维也纳马拉松比赛举办了特别的音乐会。

参赛者来自100多个国家，总共有3万人。线路包括许多漫长而平坦的道路和广阔的绿地。城市的风景能让参赛者意气风发，这是第一次参加马拉松的好选择。

下图：在这个迷人而秀丽的城市，其他距离的比赛与全程马拉松同时进行

当地旅游指南：

建议您一定要前往霍夫堡城堡，那里曾经是奥匈帝国的中心，现在是维也纳的中心。教堂和博物馆都围绕着霍夫堡城堡的中心公园。穿过巷道和世界著名的咖啡馆，可能会遇见许多著名文化人。如果您想去更远一点的话，可以前往维也纳古典艺术收藏中心，这里有包括古斯塔夫·克里姆特的“吻”在内的第三区贝尔维第宫。同样令人印象深刻的是美泉宫，它与法国凡尔赛宫的巴洛克风格相得益彰，但当时由于缺乏资金，导致供电规模难以超越法国的竞争对手。

参见：www.austria.info。

参赛详情：

参赛时间：4月

报名时间：前一年的11月前

参赛人数：30000

难度指数：5/10

特别提示：这里的比赛关门时间是6小时，但在此之前就已经开始进行清场工作了。

☎ 4316064219510

✉ office@vienna-marathon.com

www.vienna-marathon.com

本图：维也纳马拉松赛吸引了许多精英运动员，这张照片显示了被取代前的旧赛道终点线

上图：每年来自100多个国家的运动员参加这个盛大的活动

右上图：维也纳马拉松赛是第一个向马拉松赛跑者及其支持者提供技术援助的比赛，它开创了马拉松赛的短信服务，提醒参赛者每隔5公里（3英里）记录的分段时间，以便跟踪所有跑步者的进度并预计他们的完赛时间

比赛从多瑙河运河的一个长直路口开始，经过城市的联合国大厦旁边，然后经过拱门下的内环路。不知不觉中，你会发现自己来到了皇宫前的英雄广场，并继续穿过多瑙河，途经维纳普拉特标志性的摩天轮与美泉宫。歌剧院是这里的标志性建筑，也是这个城市马拉松的最好见证。

人群中的加油声表明了他们对参赛者的支持。即使作为一个陌生人，你仍然会感到像是亲人正在鼓励你冲向终点，这里的支持不仅限于比赛。赛事组织者建立了一个网站，鼓励跑者从更

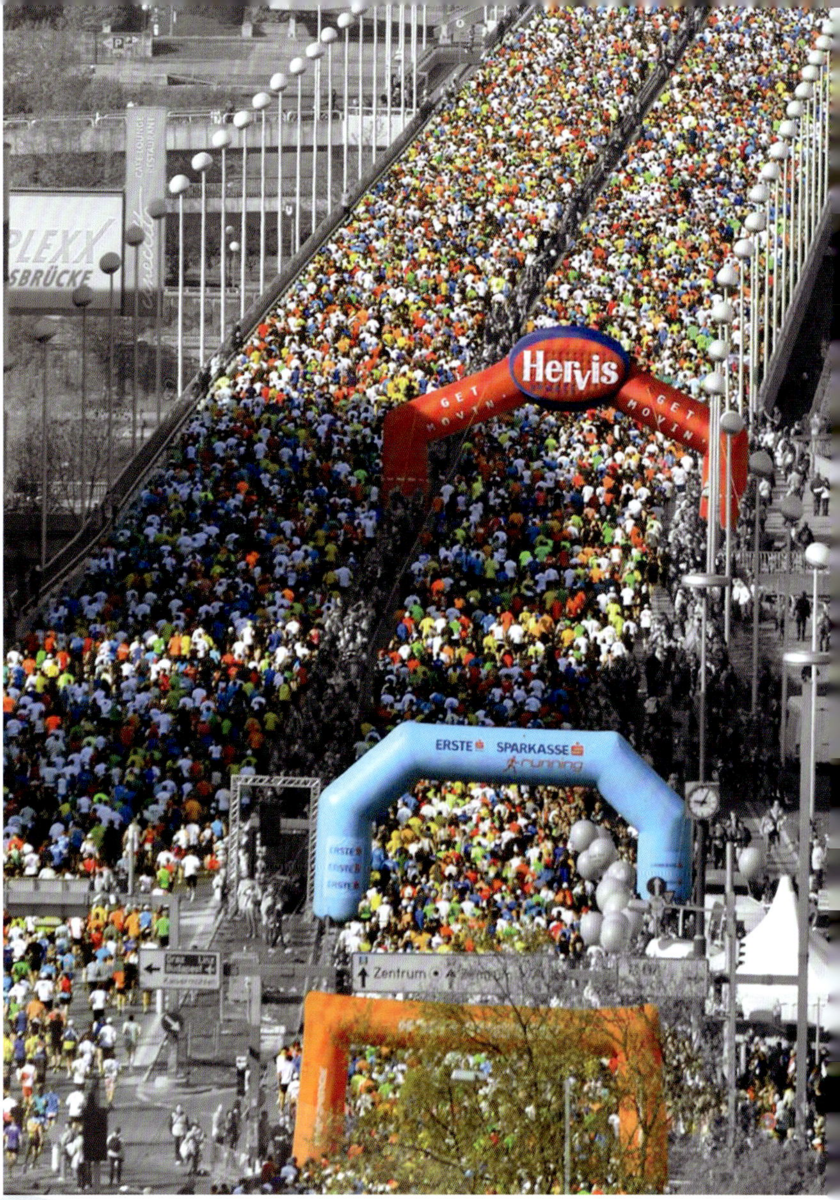

我的足迹：

参赛时间：

比赛成绩：

赛事感悟：

远的地方来到维也纳。VCM友谊赛是为本地志愿者提供的比赛，可以通过网站www.vienna-marathon.com来了解比赛的所有细节，网站有多语言版本。

这个赛事是非常有组织性的，同时还融入了众多娱乐的元素。每年的马拉松比赛都是以历史事件为主题的，在2010年，这里的主题是希腊庆祝马拉松战役2500周年。

布拉格马拉松 | 捷克

布拉格马拉松已经成为捷克向世界展示这个国家生活方式和城市管理的大胆尝试和象征性的活动。

很多人认为，在布拉格的鹅卵石街道上组织马拉松是不可能的，但是赛事创始人卡罗·卡帕尔博却并不这样认为，他获得了捷克体育传奇人物埃米尔·扎托佩克的支持。埃米尔·扎托佩克曾在1952年的赫尔辛基奥运会上获得三枚金牌，是1988年意大利马拉松赛冠军。他们一起在这个古老的小巷、令人惊叹的建筑以及历史上经常动荡的城市创办了国际马拉松比赛。

罗马马拉松 | 意大利

从“贯穿历史”的体验来说，没有任何马拉松赛能和罗马马拉松相提并论，因为它的赛道经过许多历史名胜景点。斗兽场、梵蒂冈城和特雷维喷泉只是其中的一小部分。这里还有优美的风景，因为罗马还是古代的地标性城市，而且为了给马拉松赛提供场地，城市中心会在马拉松赛举办的当日关闭。

参赛详情：

参赛时间：10月

报名时间：1月到3月

参赛人数：6000

难度指数：5/10

特别提示：有许多狭窄的小路和交叉的桥梁。参赛名额上限为6000，所以必须提前申请，并提前预订住宿。

☎ +39415321871

✉ info@venicemarathon.it

www.venicemarathon.it

威尼斯马拉松 | 意大利

威尼斯马拉松赛的问题是如何在缺乏平坦地面的地方举办马拉松比赛，它的答案是利用跨越威尼斯漂浮城市的许多桥梁。桥梁对于这场比赛非常重要，特别是为了跨越大运河设计的170米浮桥，浮桥为参赛者提供了威尼斯市中心以及最著名的圣马可广场的360度全景。除了马拉松运动员之外，任何人都无法看到这样的景色，即使是那些为豪华酒店套房而支付了五位数字的富有游客。在比赛的最后3公里，要跨越13座桥，这突出了桥梁在这场马拉松赛的重要性。

马拉松比赛开始于18世纪皮萨尼别墅前的一个名为斯特拉的村庄，原本是意大利贵族所建。该路线穿过乡村，向着工业城市梅斯特行进，距离长达25公里，这是你在照片中可能永远不会看到的路线。位于圣朱利亚诺公园的大型绿地上，完成2公里的路段后，穿过德拉吊桥以及自由桥的5公里。在比赛中，领跑的运动员会争夺名次，但为自己设定速度的人可能会发现，随着威尼斯天际线的景观越来越近，行进速度会变得缓慢。如果您在城里，这里的景观便成了城市的特写镜头。

当跑步者越过终点线，将疲惫的双腿浸泡在湖中时，就可以找到食物饮料、进行按摩，以及由水上出租车运来的用于更换的衣服。在马拉松比赛中穿过威尼斯，可以挑选一个位置来观看意大利甲级联赛比赛。里亚托市场以嘈杂的鱼贩和丰富多彩的蔬菜摊位而著名，这里还被许多酒吧包围着，威尼斯大部分地区的人都会聚集在这里享受周末时光。

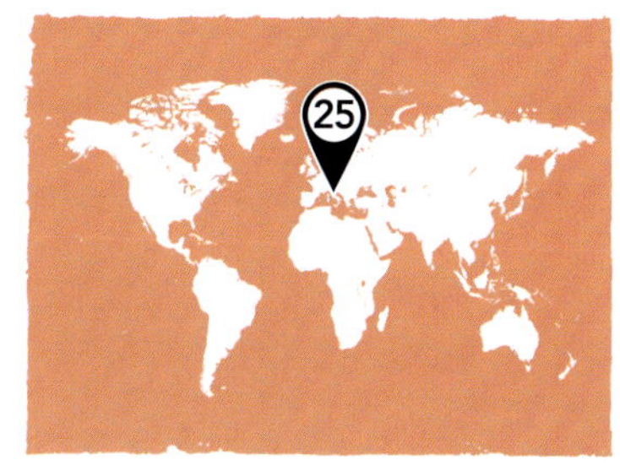

MARATHON

我的足迹：

参赛时间：

比赛成绩：

赛事感悟：

右图：如果你想参加，请确保您已经提前预订了每年限定的6000个参赛名额之一

哥本哈根马拉松 | 丹麦

一些马拉松赛有关于风景，一些有关于当地人的精神信仰，而哥本哈根马拉松则很纯粹，这里的竞争是激烈的，甚至业余爱好者的竞争也是如此。

哥本哈根马拉松比赛的非官方口号是“一切都是为了比赛”。即便如此，你仍然可以领略到丹麦首都的地标建筑。在美丽的小美人鱼雕像下方，是海港和宏伟的国会大厦，旁边是湖泊、公园和空气清新的绿地。跑步线路遍布居住区和这个城市的众多角落，到兰格布罗的终点线前，都可以看到海滨。参赛者在途中会享受到赛事方的良好服务，赛事方每隔4.5公里就会提供能量饮料、厕所、淋浴、水站以及医疗站。

哥本哈根欢迎入门级跑步者，并且成立了“控制速度小组”来帮助初学者。斯巴达俱乐部会按照事先整理的时间对选手进行分组，帮助他们在整个过程中以一定的节奏行进，使他们能够在目标时间内完成比赛。最慢的团队在5个小时内完成，为在跑步中步行休息、上厕所的人提供了很大的空间。如果您发现自己在一个组中，您同样可以找到另一个较慢的组，所有这些都能通过携带气球的领跑者清楚地辨别出来。

哥本哈根的传统是让跑步者来到这里，成为这个大家庭的一部分。大部分的路线通过了居民区，观众的鼓掌和欢呼声中还夹杂着熏肉三明治的味道。作为赛事体育博览会的一部分，还会为儿童提供1公里的小型马拉松比赛。博览会是一个充满活力和赛前刺激的聚会场所，你可以在此购买跑步装备，进行热身或者按摩。

左图：在哥本哈根，比赛的每一个细节都会得到解决，这是跑者可以专注于比赛的一个重要原因

MARATHON

我的足迹：

参赛时间：

比赛成绩：

赛事感悟：

参赛详情：

参赛时间：5月

报名时间：前一年12月

参赛人数：12000

难度指数：5/10

特别提示：拥挤的终点线意味着几乎没有空间看到观众。如果您脚踝有问题，赛道上的鹅卵石路面可能会是个棘手的问题。

☎ +4535266900

✉ sparta@sparta.dk

www.copenhagenmarathon.dk

参赛详情：

参赛时间：9月的最后一个周末

报名时间：同年1月

参赛人数：40000

难度指数：4/10

特别提示：由于参赛人员很多，一些地方可能会比较拥挤，但是路线很平坦，行进速度会很快。

☎ +493030128810

✉ info@sccevents.com

www.bmw-berlin-marathon.com

柏林马拉松 | 德国

柏林马拉松是一场让德国选手突破自我、情绪高涨的比赛，它被称为世界纪录最多的地方，经常会有参赛者在终点线——勃兰登堡门前流下激动的泪水。

这里的环境非常适合举办马拉松赛。平坦的路线、温和的秋季，以及像电流一样涟漪的人群，有种把最疲惫的参赛者带回家的感觉。对于业余爱好者和精英参赛者来说，这里的竞争是非常激烈的。精英跑者会申请参加柏林马拉松，因为他们知道，这个赛道对于创造个人最好成绩是非常有利的，柏林马拉松赛曾经七次创造了男子马拉松世界纪录。

有超过4万名参与者参加比赛，观众纷至沓来，还有70多个现场乐队。在某些地方还有嘉年华，特别是在距离赛道27公里处举办的“王尔德·埃伯”嘉年华，在一群啦啦队队员鼓舞加油的节奏下，运动员们提高速度，然后跑到选帝侯大街。

第一次柏林马拉松于1974年举办，在西南部的格鲁内瓦尔德森林举行。到了1981年，它从森林里走出，来到了西柏林的街道，但直到柏林墙倒塌后的1990年，马拉松赛才穿过勃兰登堡门，来到了东柏林。这是一场具有里程碑意义的马拉松比赛，它与“9·11”事件发生仅仅几周之后的1996年波士顿马拉松百年大赛及2001年的纽约马拉松相差无几。

这条路线现在穿过柏林的历史地标，如国会大厦、亚历山大广场、选帝侯大街、波茨坦广场和御林广场等，在距离勃兰登堡门下方仅有350米的地方穿过41公里处后，到达终点线。柏林的建筑为人们提供了历史的“动画之旅”，跑马拉松是在几个小时内体验柏林的最佳方式。

右图：就在1990年德国统一之前的三天，柏林马拉松赛的路线发生了变化，它贯穿勃兰登堡门，并将这个以前分裂的城市合二为一

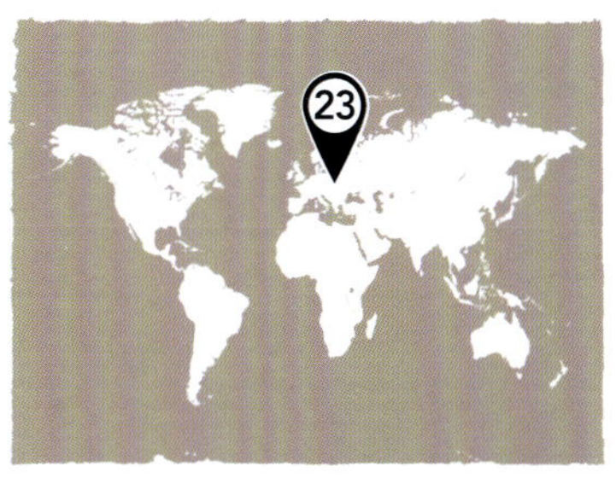

当地旅游指南：

可以从德国国会大厦的屋顶上欣赏到城市的美景，而在附近，柏林的“博物馆岛”上挤满了画廊，两个经典都位于勃兰登堡门的步行范围内。柏林拥有超过200家俱乐部，其中大部分都位于柏林剧院和旋转沙龙周围的重建剧院。柏林爱乐乐团的音乐会将为您提供一个享受欧洲最好古典音乐的机会。

请查阅：www.visit-berlin.de/en。

我的足迹：

参赛时间：

比赛成绩：

赛事感悟：

参赛者在几百米之后到达河边，并路过布拉格城堡、捷克国王住所遗址以及捷克现任总统住所。参赛者还会依次路过捷克议会厅、鲁道夫音乐厅和市政厅。两公里后，他们会路过国家图书馆、国家大剧院和中欧历史最悠久的查尔斯大学。

然后，参赛者会从著名的查理大桥穿过，接着经过前捷克斯洛伐克后共产主义时代的国家大街，它的历史可以追溯到1989年11月17日由学生主导的“天鹅绒革命”。

左下图：布拉格海滨是一个极具吸引力的跑步路线

右下1图：在这个马拉松比赛中，可以近距离路过老城古迹

右下2图：巴黎街（Parizska）是布拉格最著名的购物街，这里总是挤满了成千上万的观众，他们的欢呼声伴随着参赛者到达终点线

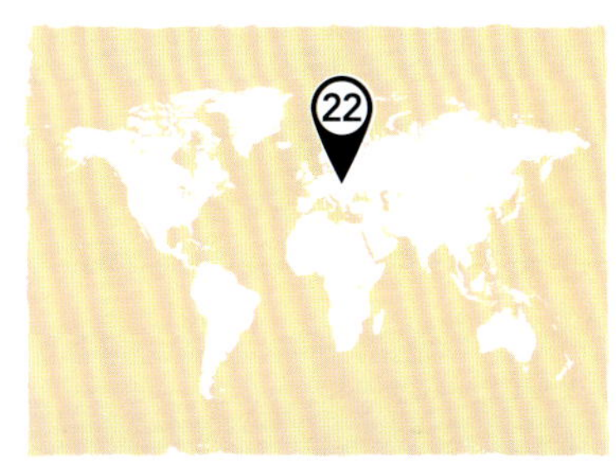

当地旅游指南：

布拉格是欧洲历史保存最完好的城市之一，从旧城的曲折可以看出昔日迷人的景观。这里的著名景点是查理大桥，它不但是艺术作品，还是一个工程壮举。你也可以花一下午的时间，了解中世纪的布拉格城堡，你一定会惊叹这里的建筑，包括哥特式、文艺复兴和各种新艺术风格。

我的足迹：

参赛时间：

比赛成绩：

赛事感悟：

1995年举办马拉松赛时，只有958名选手参加比赛。现在，布拉格马拉松已经发展成为最神奇、最激动人心的国际马拉松比赛之一。

布拉格是一个生机勃勃的艺术城市，音乐节也在马拉松比赛期间举行，并在比赛场地设置乐队表演区域，为参赛者设定节拍。音乐吸引了许多观众涌上街头，为跑步者提供支持，营造出热烈的气氛。布拉格的比赛每年都会伴随着捷克主题曲《伏尔塔瓦》的响起开始。伴随着斯美塔那的作品《我的国家》的奏响，人们会联想起川流不息的伏尔塔瓦河，音乐正如河流般淹没了老城广场的参赛者们。听到出发的枪声，运动员们开始迅速沿着街道和伏尔塔瓦河向前行进。

参赛详情：

参赛时间：5月

报名时间：比赛开始1个月前

参赛人数：11000

难度指数：6/10

特别提示：最近的参赛者反映了一个问题，对于那些踝关节或膝盖受过伤的人来说，狭窄的鹅卵石街道可能是一个挑战。

☎ +420224919209

✉ info@runczech.com

www.runczech.com

参赛者穿过罗马人民广场

参赛详情：

参赛时间：3月

报名时间：前一年10月

参赛人数：16000

难度指数：6/10

特别提示：风景很优美，但鹅卵石街道可能给您的旅途带来不便。参赛者记着带上自己的能量胶。一些地方可能会拥挤，而且天气很炎热。

☎ +39064065064

www.maratonadiroma.it

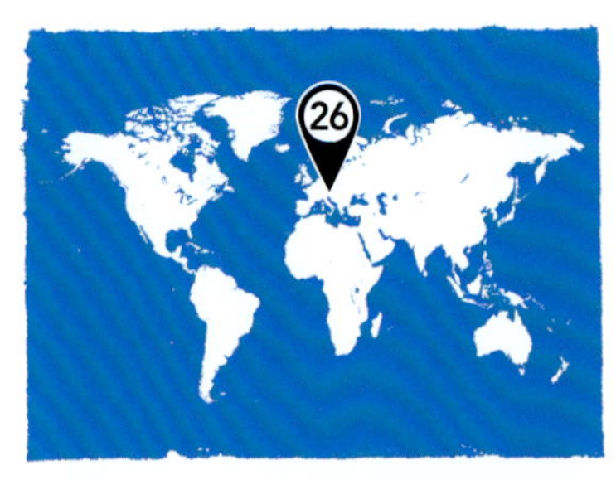

当地旅游指南：

艺术、美景、历史和意大利人的生活方式都在罗马。马拉松赛的沿线有500个地标建筑，包括圣保罗大教堂、贝佳斯别墅、马克西姆斯马戏团和西班牙阶梯。在罗马，斗兽场是每个人都想要去看的，但你要小心穿着罗马服装的小贩，他们会收取一定的照相费用。另外，对旅游陷阱也要保持警惕，比如那里的浓缩咖啡酒吧有时的收费会是正常收费的四倍。

我的足迹：

参赛时间：

比赛成绩：

赛事感悟：

比赛起点和终点都设在罗马最壮观的古罗马竞技场内。两千年前，这里是角斗士战斗的地方，它有容纳5万人的能力。今天，每年3月份的第三个星期天，还有5万名疯狂的人们欢呼着来到这里，等待着马拉松的开始。罗马马拉松赛有44000人参加，还有另外8万人在比赛的几分钟之后参加4公里的“罗马风”跑。

参赛者会从南面沿着蜿蜒的路线经过罗马的战车竞赛场地马克西姆斯，然后到达圣保罗大教堂，随后沿着台伯河的河岸返回城市中心，沿途横跨河对面的圣彼得大教堂和梵蒂冈城。从这里往北跑到到古罗

上图：鹅卵石街道增添了旧城的魅力，但是还要穿上减震效果较好的跑步鞋，以免腿脚酸痛

右上1图：罗马马拉松是一个完美的旅游性马拉松，经过了所有的古代遗址

右上2图：舆论对这个配套设施良好的马拉松赛评价很高

马广场，再沿着河边回到城市中心。参赛者可以参观波波洛广场、贝佳斯别墅、西班牙阶梯和特雷维喷泉，虽然欧洲其他国家首都的马拉松赛事也提供了大量的郊区景观或商业景观，但永恒之城罗马随时都在给参赛者带来不同惊喜。

总之，赛事时天气温和，路线也非常平坦，尽量避开了城市著名的七座山丘。这里的马拉松纪录成绩很好，说明罗马斗兽场周围的鹅卵石街道并不是比赛的障碍。

在罗马，参加马拉松赛的运动员比参加其他赛事的多很多。回顾一下，罗马的体育赛事一直是史上最著名的，而且已有三千多年历史了，现代马拉松赛延续了这一体育传统。

参赛详情：

参赛时间：4月

报名时间：前一年的8月

参赛人数：15000

难度指数：5/10

特别提示：有时候，一些狭窄的道路可能会使马拉松赛看起来有些拥挤，并且可能会引发幽闭恐惧症。你可以通过地铁和公共汽车轻松地到达马拉松起点。

☎ +491805771760

✉ office@hamburgmarathon.de

www.haspa-marathon-hamburg.de

汉堡马拉松｜德国

因为披头士，汉堡这个城市被世界熟知，这里的马拉松赛同样有着与众不同的节奏。在这里，你将被15000名马拉松选手和最热情的观众所震撼，这里的欢呼声能让参赛者能克服一切困难，冲向终点。

这里热心的观众会吹哨、喇叭，甚至吹起小号，或者在家中俯瞰快速行进的跑步队伍，这巨大的人群，凝聚了马拉松精神。每个参赛者平均有25名支持者，使得比赛变成了42.195公里的派对。参加汉堡马拉松赛是件很方便的事情，地铁站就在起点旁边。汉堡为了确保所有参与者都得到照顾，每2.5公里会提供一个水站，每5公里会提供能量饮料。沿着这条路线，有很多水桶可以用来浸泡帽子、海绵，或者任何你想要冷却的东西。

这里的路线很平坦，但跑步者紧紧地挤在一起。汉堡被认为是德国最适宜居住的城市，沿着马拉松线路不断前行的参赛者会让您感受到马拉松精神。在赛前，人们可以乘坐巴士游览市区，以便在赛事开始之前就可以了解它。

汉堡同时是欧洲最大的港口之一，拥有码头区、运河、集市广场、教堂和广阔的湖泊，所有的这些都会参与到马拉松比赛中。当然，还有许多游客平时不会注意到的郊区，以及这个港口城市的桥梁和小巷。

我的足迹：

参赛时间：

比赛成绩：

赛事感悟：

当地旅游指南：

这座城市被称为“易北河的绿色城市”，有超过一半的大都市区被绿地和公园所覆盖。事实上，有人认为这个城市的树木个数多于人数。到目前为止，这个城市最引人注目的景观是于2012年开放的汉堡歌剧院，仅次于悉尼歌剧院。德国文化爱好者在汉堡有自己的歌剧院，已经超过325年了。绳索街是一个适合晚上出去而且有披头士乐队演出的地方。

请参阅：www.hamburg-tourism.de/en

左图：马拉松比赛结束后，人们习惯于去市内著名的海鲜市场喝啤酒，享受海鲜美味，或者在附近蒸桑拿

法兰克福马拉松｜德国

一个世纪以前，室内马拉松赛便被认为是国家马拉松赛道的另一种选择。在1908年伦敦奥运会期间，意大利人佩特里·皮特里在终点线上由于得到美国人翰尼·海斯的帮助而被取消资格。后来，公众对这一戏剧性事件的关注，以及赛事的热播，使一些室内马拉松赛事风靡开来。

今天，马拉松赛事全部是在露天的环境中举办，为跑步者和观众创造了便令人振奋的赛道。但法兰克福马拉松赛则回到了早期马拉松赛的精髓，它最后的100米是在这个城市的节日大厅内结束的。

当比赛开始进入室内，您就会体会到这场室内马拉松的内涵。运动员跑进来时，他们受到烟花、铜管乐队和10000名观众的热烈欢迎。它被称为啤酒节高潮，而不是彻底的醉酒。这个细节使比赛变得很特别，气氛变得像在开音乐会，或像足球比赛中的开幕式，而不是其他的户外马拉松比赛。

当地旅游指南：

这里有迷人的历史和现代建筑，以其艺术奇迹而闻名，亮点包括施泰德艺术学院、中世纪的房屋画作，以及精美的雕塑。在河的另一边有现代艺术博物馆和画廊。法兰克福一共有60个博物馆，拥有许多闻名世界的收藏品。

右图：在室内走在红地毯上完赛为参赛者在法兰克福马拉松提供了一个不同寻常的体验

我的足迹：

参赛时间：

比赛成绩：

赛事感悟：

法兰克福是一个商业城市，城市规划者委托他们按照曼哈顿或芝加哥地平线的风格建造镀铬风格的建筑。法兰克福马拉松赛每年会吸引大约21000名参赛者和35000名观众，每年有大约9500人跑完全程。线路是围绕着摩天大楼进行的，还有城市的其他地标，如意大利文艺复兴风格的欧洲最好的歌剧院，该歌剧院于1944年被毁灭，然后又一次被重建，在1981年恢复了昔日的辉煌。在途中还有其他高耸的建筑，如以前城市防御工事的北门塔——埃申海默塔，约1400年由大教堂主建筑师Madern Gerthener建造。

然而，这个建筑并不是国际社会的关注点。事实上，令法兰克福马拉松比赛具有传奇色彩的是引人注目的室内表演。

参赛详情：

参赛时间：10月
报名时间：同年7月
参赛人数：21 000
难度指数：4/10
特别提示：关门时间是6小时15分钟，那些表现不太好的新手不一定能在关门时间前抵达终点。

☎ +496937004680
✉ mail@frankfurt-marathon.com
💻 www.frankfurt-marathon.com

参赛详情：

参赛时间：9月
报名时间：1月前
参赛人数：4000
难度指数：9/10
特别提示：这是一个较难的马拉松比赛，需要有强健的体魄来经历很多蜿蜒的路线。尽管如此，依然有六个半小时的截止时间。虽然是山地，但补给供应充足。

☎ +41338276290
✉ info@jungfrau-marathon.ch
www.jungfrau-marathon.ch

少女峰马拉松｜瑞士

少女峰是一个难度较大的山地比赛地，每跑几公里，赛道坡度会变得越来越陡峭，难度不断增加，同时空气中的氧气含量也不断减少。参加少女峰马拉松，你将会迎接巨大挑战，同时收获无与伦比的满足感。

与其说是跑步，不如说是越野。这场比赛的中心是位于瑞士小镇因特拉肯的克莱纳谢德格山，它海拔2061米。前25公里地势比较平坦，但在最后17公里处，真正的攀登才算开始，这时需要考验你的意志力。那些前半程跑得很快的人可能永远都不会走到尽头，因为这是关于速度和耐力的考验。

壮观的风景是这场艰难马拉松比赛后令人愉悦的奖赏

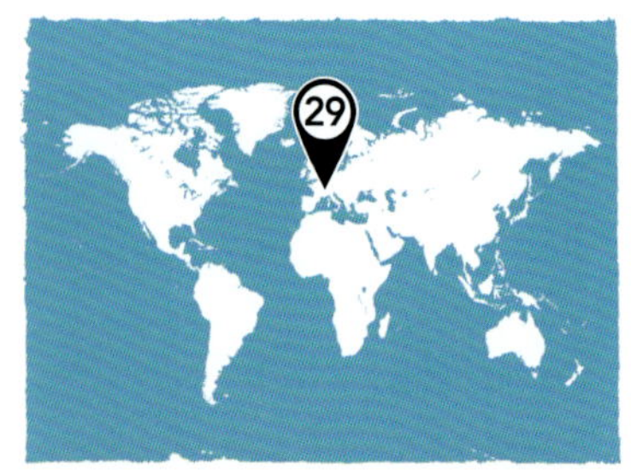

当地旅游指南：

距离少女峰最近的城镇是因特拉肯，近到可以步行或骑自行车到达，这里本身就是一个探索伯尔尼高原的好地方。如果你想去大都市，也可以搭乘列车到苏黎世或者日内瓦。这个城镇非常适合购买瑞士纪念品。对于喜欢健康水疗的人们来说，因特拉肯是一个非常好的享受桑拿和蒸气浴的地方。

请访问：www.my-switzerland.com

MARATHON

我的足迹：

参赛时间：

比赛成绩：

赛事感悟：

世界各地的组织和参赛者都喜欢越野跑，而这场比赛的胜利者就是那些越野专家，如来自新西兰的多个世界冠军乔纳森·怀亚特就是专家中的一员。为了完成比赛，获胜者必须完成42.195公里的路线，并且要经历大量的高海拔艰苦攀登。这有点像环法自行车赛高山赛段的跑步版，一路需要有极为充足的补给量。

来自50多个国家的4000名运动员每年来挑战这场马拉松，许多参赛者都被瑞士的景色所吸引，这里有一望无际、白雪皑皑的山峰，它们不断地提醒着人们赛道的艰苦。

参赛者穿过因特拉肯，然后沿着布里恩茨湖广阔清新的山地奔跑，并通过有很多观众站脚助威的山间

上图：少女峰马拉松赛道沿着一个陡峭的山坡行进，从山谷底部爬升到1,800米（5,900英尺）

右上1图：经验丰富的马拉松运动员把这个赛事描述为两个半场的比赛：上半场是跑步，下半场是徒步

右上2图：参赛者跨越风景秀丽赛道的制高点

村庄。当参赛者向壮丽的修塔布巴哈瀑布前进的时候，线路是很平坦的，但是在25公里之后，就迎来了起伏的山路，艰苦的比赛行程开始了。在到达30公里处之前，要通过26个曲折的山峰。在那里，伴随着音乐和人们的欢呼，参赛者向最后的山坡进发，并穿过冬日里人声鼎沸的滑雪场。

参赛者从这里前往艾格峰冰川的脚下，在2000米的距离内达到最高点。终点就在远处，在那里可以看到高山的顶峰，这提醒着参赛者为什么来这里，他们欣赏着冰川、河流和森林的自然美景，并体验着站在终点、站在世界之巅的成就感。

参赛详情：

参赛时间：10月中旬
报名时间：1月至9月
参赛人数：10000
难度指数：4/10
特别提示：这是世界速度最快的马拉松赛，与其他马拉松赛相比，这里的比赛难度相对较小。

☎ +31725324849
✉ info@tcsamsterdammarathon.nl
www.tcsamsterdammarathon.nl

阿姆斯特丹马拉松 | 荷兰

毫无疑问，阿姆斯特丹的马拉松是世界上最平坦的马拉松比赛之一，这吸引了那些希望创造个人最好成绩的参赛者。自20世纪70年代以来，阿姆斯特丹一直是马拉松赛事的举办地，在世界最好的马拉松比赛中获得了一席之地，它经常在跑者的投票中排名位居世界前十。

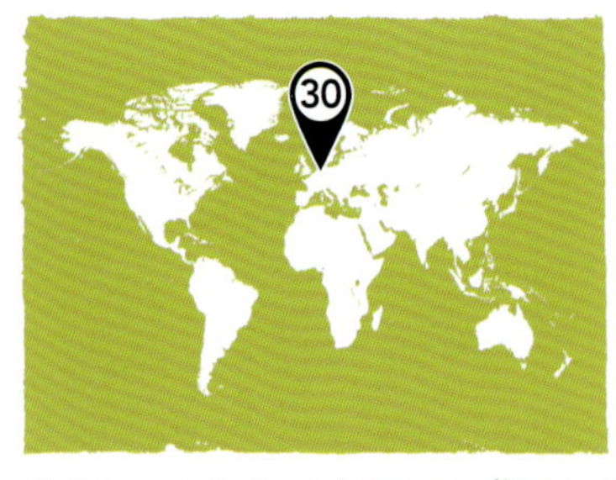

当地旅游指南：

你可以惊叹梵高博物馆的杰作，或者在市立博物馆欣赏其他大师的作品，如马蒂斯和毕加索的作品。红灯区以及商业区总能吸引人群。让游客们意想不到的是运河的迷宫，每一条都有无数的商店、画廊和咖啡馆。最美丽的运河是王子运河，这里有无尽的林荫河道和五颜六色的船屋。在这里你还可以找到安妮弗兰克之家。贝居安会院酒店是建于14世纪的花园，同样值得一游。

请参阅：www.begijnhofamsterdam.nl

上页图：阿姆斯特尔河边的马拉松赛道

右上图：美津浓半程马拉松赛，美津浓8公里赛（5英里）和1公里（0.75英里）的奥运儿童跑都与全程马拉松一起举行

这里是世界上最快的马拉松纪录产生的地方之一，而事实上只有一次创造了世界的最好成绩，那就是在1928年的阿姆斯特丹奥运会上。尽管如此，阿姆斯特丹的确为许多业余运动员提供了世界一流的比赛路线。

来自70多个国家的参赛选手聚集在1924年建成的奥林匹克体育场里。比赛的起点和终点相距仅4公里，但其间的34公里则由一个大圈组成。1928年的奥运马拉松赛是阿姆斯特丹的第一场马拉松比赛，现在的马拉松比赛路线还是回归到了原来的路线上。

绕圈的路线会经过郁郁葱葱的绿树蜿蜒的阿姆斯特丹南部，沿着阿姆斯特尔河完成12~25公里的路程。然后运动员依次经过阿姆斯特丹竞技场、印度艺术区和世界著名的冯德公园，再回到镇上，最后返回到奥林匹克体育场内。在沿途，你会发现，著名的运河桥梁就是唯一的爬坡路段。

在大部分路线，可以看到河流、湖泊和国家著名的标志性风车。与其他大城市的马拉松赛相比，乡村的空气质量更好些。阿姆斯特丹人口众多，观众也会为游客提供饮用水，而在其他地方，参赛者的饮用水只能依靠官方补给站。

摇滚马德里马拉松 | 西班牙

与许多城市马拉松赛一样，马德里马拉松赛也是由体育爱好者发起的。他们从开始制定计划、组织路线，到最终比赛实施，花费了很长的时间，可以追溯到1978年。对于那时的西班牙民众来说，马拉松赛还是一个新兴事物，但是他们已经逐渐接受这个比赛，而且他们也引以为傲，认为这是对他们所生活城市的一种认可。就像发生在2004年马德里的火车爆炸事件那样突然，5周后，马拉松赛就在马德里举办了。当时，本地选手参与人数最多，组织者为了提高的参与度，将参赛人数从10000人增加到了20000人。

马德里海拔670米，这里的春天非常适宜跑步，可以给跑者提供一个舒适的跑步环境。西班牙的其他时节是很炎热、很潮湿的。在马德里，人们一般都是晚上10点之后出门，而且整夜都待在宽广的大街上，直到太阳快出来的时候才回家。这样的生活习惯对于马拉松赛来说是很有益的，因为早晨的马德里街道很空旷，选手们可以在街道上尽情奔跑，且比赛的起点和终点都在马德里市中心。

参赛者从起点开始向北缓缓前行，这是一个放松的过程，这个微小的爬坡，会让参赛者在后面的比赛中受益匪浅。开始的路线是沿着宽广的城市街道行进，四周没有任何值得关注的城市景观。随着跑步者的距离逐渐拉开，当靠近半程的时候，四周的景观变得越来越美。

脚下的鹅卵石可能会增加比赛的难度。参赛者们穿过太阳门，路过市长广场和皇宫，这里是城市的标志性建筑，它曾是占领全球一半地域帝国的首都。选手们继续往前跑，将体验到不同的氛围，他们跑到曼萨纳雷斯河，并通过马德里的主要绿地卡萨德坎普，这里的一切都宁静祥和，远离喧嚣的人群。马德里的

当地旅游指南：

你可以乘坐地铁去一些旅游景点。可以漫步在塞巴达广场、卡瓦巴哈、拉帕哈广场。晚上9点以后，街道上慢慢开始变得热闹起来。你可以从拉脱维亚南部的高架桥步行到西班牙广场的马德里皇宫。也可以在梅尔卡多德圣米格尔餐厅品尝西班牙小吃。

MARATHON

我的足迹：

参赛时间：

比赛成绩：

赛事感悟：

参赛详情：

参赛时间：4月

报名时间：前一年的11月份

参赛人数：10000

难度指数：7/10

特别提示：对于初级跑步者来说，一些山丘可能是一个挑战。这个城市坐落在一个700米海拔的平原上，所以最好提前几天前来适应。

☎ +8584506510

✉ rnrmadrid@competitorgroup.com

www.maratonmadrid.org

另一个公园雷蒂罗公园，就是比赛的终点。跑步者通过大门口进入公园，观众们在阳光的沐浴下，等待着运动员冲向终点线。在马德里，马拉松运动主要参与者为男性，仅有6%的女性参赛者，这也将是未来最明显的增长点。

那些在马德里跑马拉松的人最终回到埃斯皮里奥德维达，民众们的支持令人印象深刻，这既是人民喜欢这项运动的表现，也说明了这个比赛的未来充满希望。

左图：全程马拉松10公里比赛同时开跑

左上图：除了两个6公里（6英里）的街区之外，比赛一直在下坡

上图：即使对于经验丰富的跑者，马德里马拉松也被认为是一场艰难的比赛

巴黎马拉松｜法国

凯旋门是为了寓意战争胜利凯旋而建的，如今是巴黎马拉松赛的起点和终点。它时刻提醒着人们，完成马拉松赛就是一种凯旋。起跑线设置在香榭丽舍大街上，后面的凯旋门寓意着胜利。这是巴黎一年中难得的特殊日子，整个巴黎的交通都为马拉松赛让路。跑步者们沿着巴黎的林荫大道跑上2公里就到了协和广场，然后是杜乐丽花园和卢浮宫。

巴黎马拉松赛参加人数超过了40000人，其中四分之一是非本国的参赛者，他们来自全球80多个国家和地区。到目前为止，参赛最多的外国运动员来自英国，他们穿过英吉利海峡来参加巴黎马拉松赛。街道两旁布满了英国国旗、星条旗，整个街道沉浸在红白蓝色的海洋中，好像在欢迎英雄的凯旋。

第一届巴黎马拉松赛是1977年举办的，当时只有87人完成了比赛。自从20世纪80年代欧洲跑步运动兴起以来，完赛人数增加到了7000人。但是在1991年，由于赛事方内部的纠纷，那年的比赛被取消了。从那时起，巴黎市议会就授权环法自行车赛的组织方来举办比赛，之后马拉松赛的规模和地位便不断提高。

巴黎马拉松赛的地点设在城市的中心，比赛的起点和终点都有地铁，而且整个马拉松线路包含了整个城市的很多景点。如果参赛者在里沃利街上有时间往左看，他们会看到旺多姆广场和华丽的巴黎歌剧院。

右图：巴黎为马拉松比赛提供了一条风景优美的线路，可以游览这个城市的主要地标

参赛详情：

参赛时间：4月

报名时间：前一年的9月 参赛人数：37000

难度指数：7/10

特别提示：赛道比较狭窄，可能会导致行进缓慢，而且路线也很拥挤。运动员尽量避免拥挤，有助于保持良好的竞技状态。

阿毛里体育协会

☎ +33(0)141331400（美国）

✉ infos@ parismarathon.com

www.parismarathon.com

参赛者到达巴士底广场之前，会看到右边的市政厅。当跑步者接近宛赛纳森林时，一个巨大的横幅上写着：加油：还有32公里（20英里）。继续沿着宛赛纳森林蜿蜒的路线向前，就如同进入田园中一样，此时观众也逐渐变少了。这是马拉松的中途点23公里处，位于塞纳河畔。路线的北侧不是特别平坦，有时候参赛者会转移到地下通道来避免桥梁关闭。沿着一个斜坡跑出来后，可以看到巴黎圣母院，然后继续往前跑几公里，在29公里处，埃菲尔铁塔会出现在赛道的左手边。

接着，参赛者在王子橄榄球场和罗兰加洛斯球场附近绕行，在36公里处进入布洛涅森林。随后的6公里比赛在布洛涅森林中进行，这里空旷，没有拥挤的人群。最后的200米冲刺是在福煦大街上，完赛者最终会进入凯旋门，这也是整个比赛的高潮。

右图：巴黎正吸引着数以万计的人来参加马拉松赛，因为比赛线路经过了众多观光景点

下图：这场马拉松比赛的完赛时间不算太快，鹅卵石路面也增加了一些跑步者的挑战

我的足迹：

参赛时间：

比赛成绩：

赛事感悟：

参赛详情：

参赛时间：3月
报名时间：同年1月
参赛人数：15000
难度指数：5/10
特别提示：天气温暖，湿度低，在起点和终点都有起伏路，比赛氛围非常好。

☎ +34902431763
✉ info@zurichmaratobarcelona.es
www.zurichmaratobarcelona.es

巴塞罗那马拉松 | 西班牙

举办过1992年奥运会的巴塞罗那在世人眼中是一个热爱体育的城市，奥运会及其辐射作用给这个城市的体育设施建设带来了积极的推动作用。体育让这个城市活力四射，最近举办的欧洲田径锦标赛，进一步改善了巴塞罗那的体育设施，使巴塞罗那成为一个出色的马拉松赛场。

巴塞罗那马拉松赛是1978年开始举办的，由一个西班牙人发起。纽约马拉松赛给他留下了深刻的印象，因此他想在自己的家乡巴塞罗那也举办一场马拉松。这一倡议最开始是不被看好的，因此马拉松线路被安排在城外，避免扰乱市民正常的生活。但即使如此，这场马拉松也吸引了1050名参赛者，第二年这个比赛的参赛人数就翻倍了。在1980年，巴塞罗那马拉松的线路被调整到城内，逐渐受到越来越多的关注。时任市长的Pasqual Maragall对这场比赛留下了深刻的印象，而后他决定以此为基础，申办奥运会。

在20世纪80年代，巴塞罗那马拉松赛做了一些创新，而这些已经成为现代马拉松标准的一部分。1983年，他们率先引入了药物测试，并使用电动牵引车。即使如此，在奥运年之前，参赛者人数也只是缓步上升，当时只有6000人完成了比赛，而这个线路在几个月之后用于奥运会马拉松比赛。

俱乐部组织和市政当局之间的紧张关系最终导致了2005年的比赛取消。受环法自行车赛组织者的委托，2006年的比赛中再次在这个城市内举办。自2006年以来，参赛人数大幅增加，2010年超过了1万人，现在已经超过1.5万人，外籍选手占据了相当大的比例。

左图：赛道会经过许多著名地标和地中海的美丽景色

当地旅游指南：

这里有很多安东尼奥·高迪的建筑供游客参观，但是你也可以前往桂尔公园，这是艺术家过去常常居住的地方，拥有更雄心勃勃的马赛克和奇妙的建筑。这个公园是兰布拉大道的一个首选，但是它已经变成了一个旅游景点，而不是体验纯正巴塞罗那的地方，公园拥有童话般的雕塑和宏伟的楼梯。这里还有一个名人博物馆，他是加泰罗尼亚首府的一张名片。当然你还可以前往附近的赫罗纳镇及其周边地区。

城市为游客提供了摆渡车，游客可以乘坐它来捕捉城市生活的景象和声音，巴塞罗那也是欧洲最受欢迎的旅游目的地之一。

参赛者从西班牙广场开始，经过巴塞罗那诺坎普球场、阿格巴塔、奥林匹克新港，然后会步入最著名的街道兰布拉大道。然后路线会穿过令人惊叹不已的安东尼奥·高迪建筑群。不朽的萨格达家族大教堂和其他很有特色公寓建筑，这些古怪且宏伟的建筑为这个路线增添了色彩。巴塞罗那马拉松路线沿程有24个不同的音乐、手工艺、艺术品等当地的工匠文化展览，为马拉松带来了活力和热情，马拉松赛也逐渐成了这个城市的标志之一。

右图：高迪的圣家族大教堂是巴塞罗那的标志之一

下图：拉佩德雷拉（La Pedrera）是一座由起伏的石墙组成的住宅，它也荣膺联合国教科文组织世界遗产

我的足迹：

参赛时间：

比赛成绩：

赛事感悟：

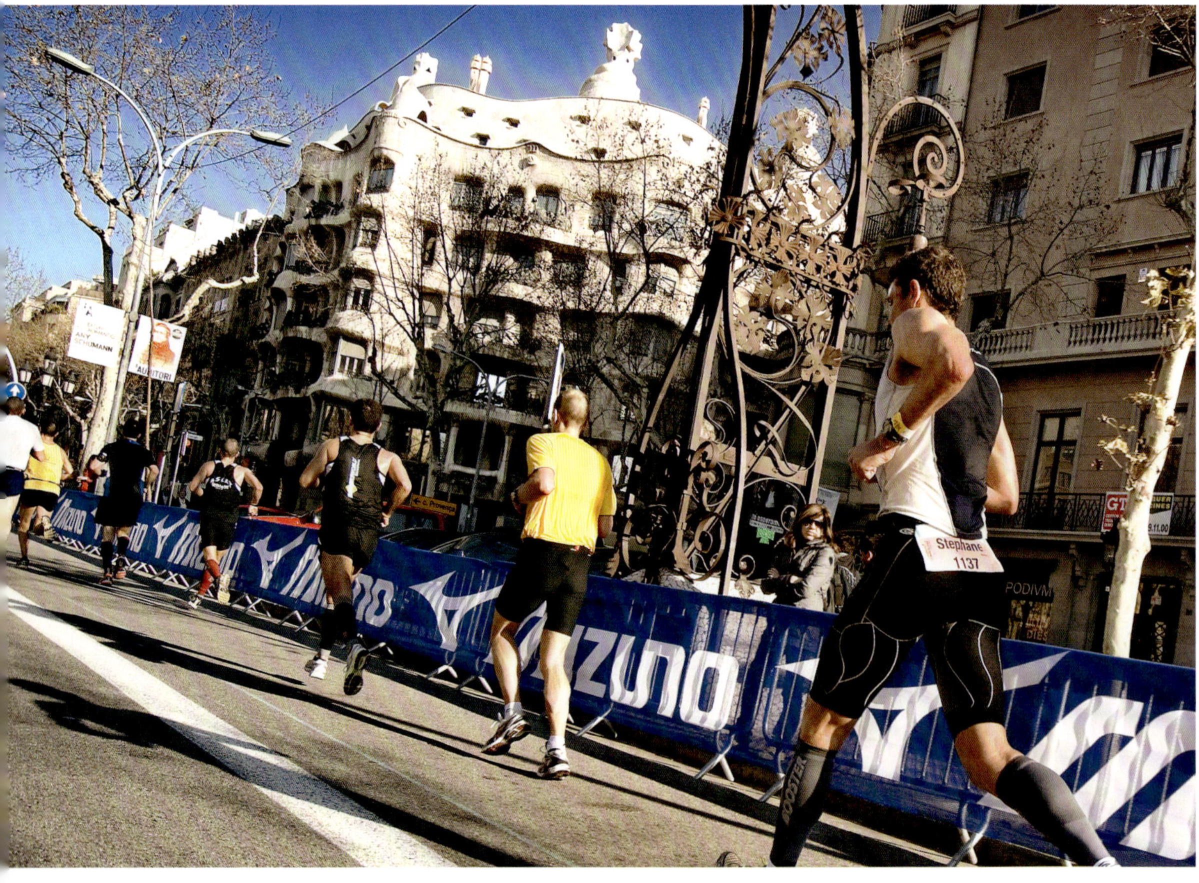

JOAN

伦敦马拉松 | 英国

就像许多英国人的伟大发明一样，伦敦马拉松赛源于一家酒吧里的一杯啤酒。运动员和创始人克鲁斯·布拉斯和约翰·斯利在观摩了1979年的纽约马拉松赛后，就想模仿纽约，准备筹办伦敦马拉松赛。在伦敦这个充满节日气氛的城市，马拉松赛这种地标性的运动是必不可少的。伦敦马拉松赛从1981年开始举办，当时只有7000人参与比赛。到了1982年，参赛人数增加了一倍，达到了1.6万人，规模超过了纽约马拉松。至今，参赛人数已经上升到35000人。

追溯到20世纪的70年代，长跑运动还是一种孤独的运动。跑步者通常在荒凉的田野里跑步，而伦敦马拉松赛旨在让这些孤独的跑步者参与到像纽约马拉松赛那样的欢庆活动中，因此伦敦马拉松赛被克鲁斯·布拉斯称为“全世界最具人性化的比赛”。他解释说，这是因为人们可以一起工作，一起欢笑，一起跑步，实现不可能的事情，因此，他和斯利在伦敦发起而且成功举办了这项看似不可能的运动。

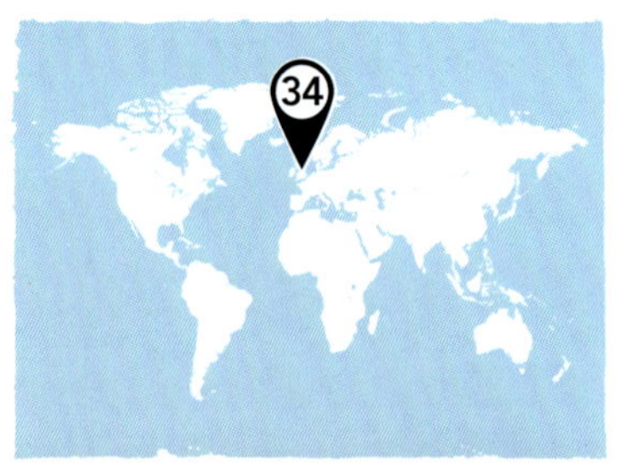

当地旅游指南：

你可以尝试一些英国传统的卡拉蹬车，以及一些鱼和薯片。在周日的晚上，这里有一家餐厅，是用20世纪50年代的复古风格装修的。为了参观一些景点，最快捷的方法之一就是乘快艇，从里士满到大本钟以及坐落在格林威治海事中心的马拉松起点都可以出发，而且一天可以多次乘坐这个快艇，多次在这几个景点中穿梭。

具体可以访问下面网站：www.thamesclippers.com 和www.thames-flyer.com

左图：伦敦马拉松的轮椅赛吸引了世界的关注

右图：伦敦马拉松有一个很好的氛围，因为数以千计的赞助商为慈善事业筹集资金

参赛详情：

参赛时间：4月
报名时间：提前一年
参赛人数：35000
难度指数：5/10
特别提示：格林威治的出发点并不是很容易到达的地方，尤其是在星期天早上，所以要考虑这个因素，沿途路线有时候会比较拥挤。

☎ +44020790200
✉ helpdesk@londonmarathon-events.co.uk
www.virginmoneylondonmarathon.com

现在的比赛路线和最初的基本一样，参赛者从伟大而华丽的17世纪建造的格林威治花园出发，这里是2012年伦敦奥运会的举办地。在伍尔维奇跑到泰晤士河，然后再跑到塔桥。这个标志性的维多利亚建筑处于路线的中点，它是参赛者们去往金丝雀码头、商业区等地的必经之路。随后沿着赛道返回伦敦塔桥和伦敦塔，继续前往堤防，经过克娄巴特拉后，就会看到距离终点1.5公里的大本钟，参赛者穿过白金汉宫门200米后到达终点。

让创始人没有想到的是，伦敦马拉松赛还成了慈善筹款工具，在比赛如此火爆的情况下，很多赞助商通过向慈善机构募捐而获得宣传的席位。每年的募捐将会达到5000万英镑，因此伦敦马拉松常常会吸引一些穿着奇装异服的人来参赛。

MARATHON

我的足迹：

参赛时间：

比赛成绩：

赛事感悟：

上图：伦敦马拉松非常火爆，可能需要长达6年时间才能获得参赛资格，为慈善机构宣传跑步是另一种让你参赛的方法

尼斯湖马拉松 | 苏格兰

尼斯湖马拉松赛的Logo是一个穿过跑鞋的弯曲鞋带，这是一个有名的怪物标识。当你距离尼斯湖很近的时候，可以发现主办方并没有试图掩饰它。虽然因弗内斯到英国的其他机场很方便，但它离苏格兰北部仍有很长的一段路程。这个地方就像它盛产的威士忌一样，让人难以捉摸。然而，对于参赛者来说，最直接的印象就是宁静的风景。因弗内斯是花岗岩砖和现代化办公大楼的完美结合，是尼斯湖马拉松赛的终点。而这场马拉松赛的起点，则设在一条崎岖的山路上，参赛者必须在清晨乘坐公交车到达那里。

现在因弗内斯的山谷很宁静，而在三百年前，这里是氏族争霸的地方。因弗内斯曾被洗劫七次，在英国的这片土地上，邦尼王子查理的部队在最后一场血腥战斗中被击溃。现在可以在库洛登摩尔游客中心。看到著名的战场遗迹。马拉松赛并没有战争那么血腥，但追求胜利的雄心却是一样的。

晨光破曦，参赛者要开始为比赛做最后准备，伴随着风笛和鼓声，参赛者踏上了起跑线。在比赛中，除了同行的跑者，还有红松鼠、鹿和鹰与你为伴。路线从乡间小路开始，然后转向湖畔。尽管有一些是上坡的路段，但是路线从开始到结束大部分并不是上坡。前10公里（6英里）是树荫下的美丽景色，同时还能看到湖面。赛道的两边有村庄和观众，同时他们也会为跑步者提供补给。

主办单位会特地安排风笛手在一些地方为跑步者加油，例如跑步者离开湖后，朝着小镇跑的位置。当参赛穿过尼斯湖大桥，沿着河流往回跑，此时他们可能感觉快到终点了，长期赞助商百特食品公司在终点的位置为参赛者提供丰盛的苏格兰美食，来补充参赛者的体力消耗。

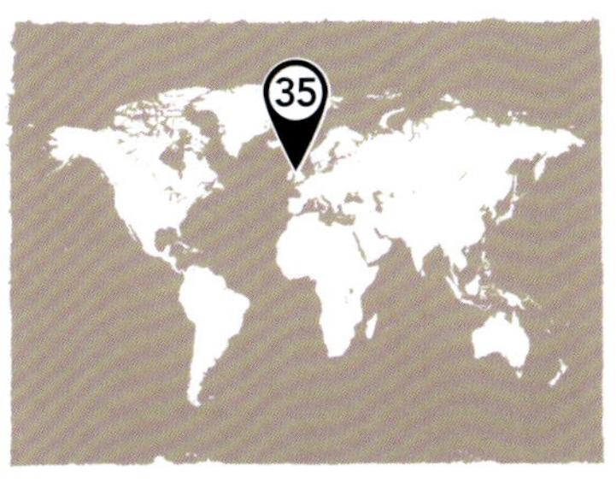

当地旅游指南：

你可能没有时间在跑步过程中欣赏美丽的尼斯湖景色，但是你可以在赛后乘游船沿着湖边走，然后在厄克特城堡停下来参观，这座城堡给湖的这个角落增添了一道壮丽的景色。还可以在附近参加一些威士忌酿酒厂，其中许多地方都提供免费品尝的威士忌。附近的因弗内斯镇也是一个午后漫步的好去处。

详情请看：www.visitscotland.com和 www.spiritofspeyside.com。

参赛详情：

参赛时间：10月

报名时间：同年7月

参赛人数：8500

难度指数：5/10

特别提示：比赛在苏格兰山区，所以请做好爬坡的准备，观众也比较少。

☎ +448448751411

✉ info@lochnessmarathon.com

www.lochnessmarathon.com

我的足迹：

参赛时间：

比赛成绩：

赛事感悟：

清新的空气、当地人民的热情，以及不列颠群岛这个相对僻静的角落使得来自30个国家的参赛者有机会在这个偏远浪漫的高原地区参加马拉松赛。离开赛道，尼斯湖地区是欧洲最富饶的自然景区之一，异国情调的鸟类、红鹿和山羊点缀着这个欣欣向荣的地方。最近新增了一个景点——南尼斯湖步行道，游客可以看到一些尚未开放的湖滨。

左图：在比赛开始的时候，观众会很多，但当运动员跑到乡村的时候，观众们就没那么多了

下图：整个马拉松赛道旁充满了美丽的风光和神话般的景色

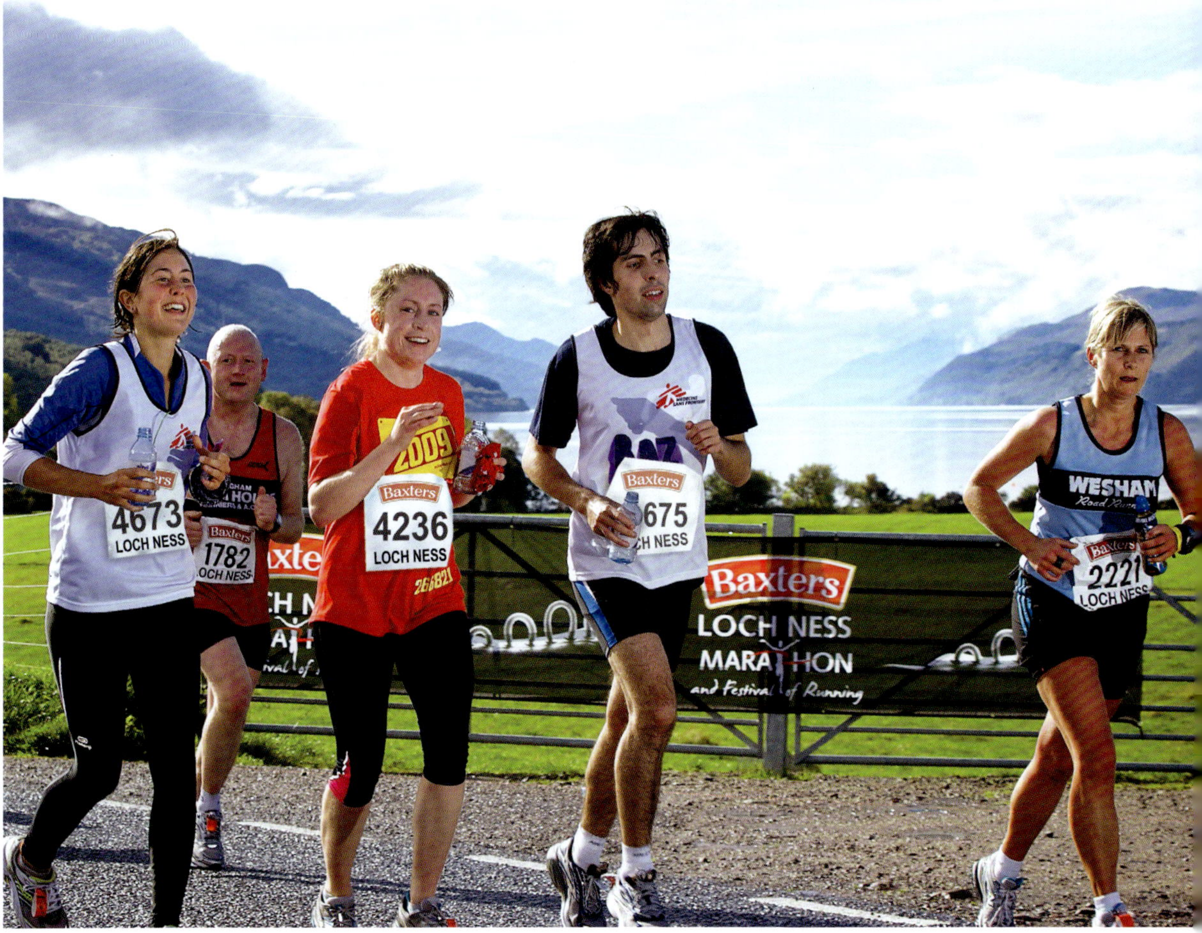

撒哈拉马拉松 | 阿尔及利亚

参加撒哈拉马拉松赛需要很大的勇气，但与创造这一事件背后的东西相比，这一点并不那么重要，这个赛事被认为是提高人们对西撒哈拉生活条件认识的人道主义举措。马拉松的参赛者很容易发现这些事情，在这里待几天，就能看到很多撒哈拉难民营的难民们，进而了解这里人们的生存环境。

参赛详情：

参赛时间：10月
报名时间：一年前
参赛人数：400
难度指数：9/10
特别提示：和其他马拉松赛不同，在这里，请你抛开所有的偏见。任何人都可以尝试在沙漠中跑步，这里有很多的补给站，而且难民营的人们特别好客。

rmdurli@saharawi.org
www.saharamarathon.org

当地旅游指南：

比赛在著名的廷杜夫镇附近举办，这里有非常多值得探索的东西，比如满是骆驼和白色涂料的街道建筑物。沙漠斗篷是摄影和吉普陆游、冒险娱乐时的好帮手。然而，始终都需要与一个值得信赖的导游同行，同时也需要躲避地雷的威胁，而且在沙漠中过夜也非常危险。比赛结束后，许多马拉松选手将和他们在途中认识的朋友一起留在难民营。

上页图：撒哈拉马拉松比其他马拉松更需要跑者的热情，除了比赛，500名参赛者还会作为客人在撒哈拉民众的帐篷内居住一周

我的足迹：

参赛时间：

比赛成绩：

赛事感悟：

1975年，佛朗哥将军去世，西班牙突然从西撒哈拉的领土撤出，然后撒哈拉人民与邻国毛里塔尼亚和摩洛哥之间开始了斗争。战争持续了好几年，最后有大约8万撒哈拉人被赶到阿尔及利亚附近廷杜夫的四个难民营。在承受了30年的剥削、疾病和严重敌对的压迫下，难民们建立了阿拉伯撒哈拉民主共和国（SADR），他们在难民营建立了一个高度结构化的政府系统来管理稀缺的资源。这些成就的取得归功于西方政府的资助，尤其是美国的西撒哈拉基金会，该基金会董事会成员兼马拉松选手杰布·卡尼于1999年率领代表团前往难民营。发展营地之间马拉松比赛的想法，是为了提高人们对撒哈拉困境的认识，以及为建立公民社会所做的努力。

上图：沙子地面对跑步者是并不是什么挑战——只有当风来时才算得上真正的困难

右上1图：孩子们参加马拉松比赛

右上2图：沙漠赛道的比赛条件可以说是极端的

最初的想法很简单，而且这也是撒哈拉人民的意愿，因此撒哈拉马拉松赛很快就举办起来了。赛道是用石块或石头堆砌的，引导参赛者在阿尤恩、奥赛德和斯马拉这三个难民营之间开放的沙漠上跑步，每个难民营都是以西撒哈拉的地名而命名的。第一次马拉松赛是在阿拉伯撒哈拉民主共和国成立25周年的时候举办的，日期是2001年2月26日。撒哈拉马拉松赛的前两年是通过包机从30个国家带来900多名运动员，为了让他们看到撒哈拉人民的生活，改变他们对撒哈拉的看法。参赛者住在当地的撒哈拉人民的家中，住在他们的帐篷里与他们一起吃饭，体验他们的生活和营地的艰苦条件。了解他们的生活只是一个起点，参赛者与这里的居民建立了深厚的友谊，赛后他们继续保持联系，一些跑步者每年参赛的时候都会前来看望曾经寄宿的家庭和朋友。

参赛详情：

参赛时间：4月中旬

报名时间：同年4月

参赛人数：3000+

难度指数：8/10

特别提示：康尼马拉的马拉松赛路线相对平坦，但非常多山。这个地区的天气是不可预测的，所以最好在比赛日临近的时候关注天气预报，做好降温和降雨的准备，比如准备一个外套。

☎ 087 7526493

✉ info@connemarathon.com

www.connemarathon.com

康尼马拉国际马拉松 | 爱尔兰

康尼马拉国际马拉松赛是爱尔兰西部的狂野赛事，是世界上景色最壮观的赛事之一。在欣赏爱尔兰令人叹为观止的风景的同时，沿着“狂野的大西洋之路”奔跑的们还能享受到爱尔兰人民的热情。

康尼马拉国际马拉松赛是在每年4月份举行的，半程、全程和63公里的超级马拉松吸引了来自世界各地的新手和精英跑者。该路线包含了很多壮观的地形，沿着崎岖的山丘，十二峰山脉，以及令人惊叹的冰川湖和基拉里湖，参赛者会经过里纳内村庄、玛亚特克山脉，然后来到有“西部地狱”之称的玛姆克罗斯。这里全天都有明显的嗡嗡声，除了来跑马拉松的人几乎没人愿意来这里。康尼马拉的马拉松在2004年加入了超级马拉松赛项目，这对于那些喜欢挑战的跑者来说，无疑是一个巨大的吸引。

从2002年的只有72名参赛者，到现在已经有超过3000名参赛者参赛。由于赛事举办地较为偏远，组织方会提供住宿和旅行建议，并安排从附近主要城镇到起点的摆渡车，以满足参赛者的需求。如果一张图片可以讲述千言万语，那么从康尼马拉国际马拉松官方网站上，可以看到整个马拉松的盛况，尤其是康尼马拉乡村的镜头非常值得品味。

比赛的背景由满是积雪的山峰组成，覆盖着部分针叶林。较低的山坡上长着野猪草，通往那冰冷的湖泊。比赛组织者巧妙地为此设计了一个鞋形的标志，这个标志引用了所有的这些元素。

左图：在2015年4月12日的全程马拉松比赛开始时，参赛者沿着令人叹为观止的十二峰山脉中心的伊纳湖奔跑

当地旅游指南：

康尼马拉被认为是爱尔兰真正的绿色之地，是一个美丽的未受破坏的景观，有很多极致的景色令人叹为观止。可以骑在康尼马拉的小马背上体验爱尔兰山脉和海岸的壮丽景色，或者花一天时间打高尔夫球、攀岩或者观看盖尔式足球比赛。关于历史文化的人们可以参观巨石、墓葬以及附近的小城堡。

我的足迹：

参赛时间：

比赛成绩：

赛事感悟：

虽然参赛者越过终点线的时候精疲力竭，但是他们的内心却非常快乐。《奔跑的人生》认为，对于任何一个参赛者来说，这项赛事都是一个非常高的标杆。毫无疑问，完赛者将带着完成世界上神奇的马拉松赛的感觉回国。

下图：玛姆村是参赛者必经风景路线的一部分

右图：十二峰令人惊叹的山峰是康尼马拉松赛场上的一大看点

雷克雅未克马拉松 | 冰岛

冰岛这个名字远非字面意义的那么可怕，冰岛的夏天虽然很短，但它依然提供了适宜的天气。这里的道路平坦，人口稀少，成为很多人参观田园风光的旅行目的地。

雷克雅未克马拉松赛和这个城市一样，不辜负其亲密和朴素的美誉，人们经常把这个冰岛首都描述成一个拥挤的渔村。马拉松比赛最初开始举办的时候，只有214名选手参加比赛，但是这个国家与其他国家的区别在于，这里的生活空间更小（可以说更加舒适），这个特点同样适用于马拉松比赛。冰岛的人口只有32万，所以吸引海外游客的活动通常都会得到当地人的大力支持，他们会以自己的方式热烈欢迎远道而来的客人。

比赛线路的核心是风景如画的提宁湖，它就在雷克雅未克市政厅所在的市中心旁。这个如田园诗般的环境是鸟类的天堂，与冰岛国内建筑特色鲜明的木制房屋相映成趣。在起点与终点间奔跑，就像拥抱着另一个世界。

跑步者在离开起点的同时就离开了市中心，穿过乡村，然后沿着雷克雅未克半岛的沿海公路奔跑。气势雄伟的埃夏山主宰了整个海湾的景色，同时埃夏山顶部还有残余的雪。参赛者转回市中心，沿着由地热加热的海滩前行，这是冰岛的另一个自然奇观。

自然环境的奇妙吸引了跑者来冰岛参赛，尽管没有烟雾或污染，雷克雅未克仍被翻译成“黑烟湾”。

古代维京人的名字是指从地下渗出的神秘地热蒸气，这里的空气质量是欧洲最好的，人们可以轻松呼吸，还可以在冰岛的许多地热温泉池内享受悠闲的赛后时光。其中，“蓝色礁湖”就在前往凯夫拉维克国际机场的路上。

当地旅游指南：

钓鱼港口是能吃到最新鲜海鲜的好地方。在首都附近有无数的天然温泉，它们被地下的熔岩加热，泡温泉成为跑后放松的最佳方式。首都最有名的是蓝色环礁湖，它的泉水由来自地球深处的海水组成，是蕴含丰富矿物质的37° C的沐浴水域，以其治疗能力而闻名。

详情请访问网站：www.bluelagoon.com。

我的足迹：

参赛时间：

比赛成绩：

赛事感悟：

即使不参加马拉松赛，来冰岛本身也是一种冒险。雷克雅未克马拉松受到重视的另一个原因，是它与“文化之夜”恰好同时举办。“文化之夜”是冰岛最重要的传统活动，包括音乐、艺术和美食品尝会。庆祝活动包括弦乐四重奏、艺术展览和戏剧，而人群中尽是涂鸦艺术家和穿着摇滚服装的人们。这场马拉松式的晚会以一场巨大的焰火表演达到高潮，推动着这个城市的俱乐部和酒吧事业的发展，参加马拉松比赛的人们都高高兴兴地参加晚会。

下图：全马和半马参赛者一同起跑

参赛详情：

参赛时间：7月

报名时间：同年1月

参赛人数：4000

难度指数：6/10

特别提示：平坦的路线，不会有很大的挑战，但是这里的交通不太发达。

☎ +2122232273

✉ maratonadorio@maratonadorio.com.br

www.maratonadorio.com.br

里约热内卢马拉松 | 巴西

里约热内卢的马拉松比赛路线是从位于海滩、内陆泻湖与沼泽地之间的一个小镇开始的，参赛者沿着海岸进入市中心。在圣康拉多，半程马拉松赛选手开始接近城镇。此后，跑步者沿着奥斯卡·尼迈耶路上的一条陡峭的山崖爬升。在右边，参赛者可以俯瞰南大西洋明净的蓝色，而另一边则是一个被陡峭树木覆盖的悬崖，在山崖周围的海滩上，随处可见享受生活的巴西人。

巴西人把海滩当作朋友来对待，像去公园下棋、踢足球，或打排球，和朋友聊天，和朋友见面等，但其实什么都不是，他们只是躺在沙滩上。每个沙滩都有自己独特的风格：高档的莱伯伦、时尚的依帕内玛和受欢迎的科帕卡巴纳。

巴西是一个极具参与精神的国家：任何人都会尝试参加马拉松比赛。为了控制赛道上的人数，以汽车和自行车组成的领头车队将会引导无关的人离开，他们的警笛声清理出一条道路让专业选手通过。这种情况成功地举行了两次，因为巴西的马拉松比赛通常在专业的女子赛之前有一个单独的开幕式，这样清理道路是为了让专业的女运动员能够专注于比赛。

从参赛者到达莱布隆的那一刻起，赛道开始变得平坦，行进变得容易。在海滩之后，穿过一条通往博塔福戈湾的隧道，就通向内陆了。由于没有其他的沙滩，因此参赛者在甜面包山的阴影下冲向弗拉门戈海滩，这里人群稀薄。参赛者从海滩公园内转向高速公路，最后返回到终点。来到里约热内卢的旅行路线本就已经很漫长了，即使在7月中旬这个隆冬的日子里，天气也一定会很热的。

左图：壮观的景色成了参赛者努力的最好回报

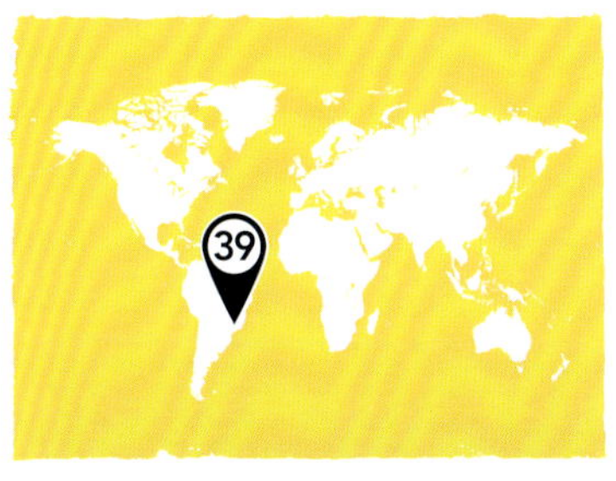

当地旅游指南：

没有什么方式比在沙滩上度过下午时光来享受里约人的生活更好的了，这里是巴西人社交生活的地方，莱布隆或伊帕内玛沙滩比科帕卡巴纳更加时尚。基督救世主雕像是一个必须参观的景点，它在糖面包山上。如果你需要马拉松式的盛宴，可以去巴西烤肉店，例如里约大冒险（www.porcao.com.br），大块的牛排将会被放在你的盘子上。这里还有一个惊人的沙拉吧，满是充满异国情调的水果和沙拉。如果你有一个星期或更长的时间，可以去布基亚斯，那里有30个海滩可供选择。

渣打银行马拉松 | 福克兰群岛

渣打银行斯坦利马拉松自豪地声称是具有国际认证的世界上最靠南的马拉松比赛，福克兰群岛是英属海外领土，位于大西洋南纬52°、美洲大陆块最南端好望角的北部。同时这些岛屿距离阿根廷巴塔哥尼亚海岸480公里，暴露在大西洋的大风中，天气不可预测。

比赛提示：“比赛定于每年3月举办，正值夏季，风不会很大，但温度不会下降太多。如果遇上大风，跑步就会不太舒服。”福克兰人民轻描淡写地补充道：“比赛不太可能因为天气原因而取消，但如果天气特别糟糕，比赛的开始时间可能会暂时延迟。”

比赛路线几乎涵盖了岛上所有可用的路面，包括一段很短的铺满石头的道路。起点和终点都设在斯坦利，它是岛上唯一的银行和市政厅所在地，由于能用于比赛的道路并不是太多，所以整个比赛有很多重复路段。

跑步者首先沿赤柱港南岸向西，向“海狸飞机棚”方向奔跑，这个飞机棚是以水上飞机而非动物命名。返回后，跑步者回到斯坦利中心，经过满是住宅的街道直到海滨，然后到达战争纪念馆以及总督府，其中战争纪念馆是为纪念福克兰群岛于1982年与阿根廷的冲突而建的。

然后沿港湾道继续向东，接着转向内陆，与赤柱绕道路交会。绕过斯坦利，这里拥有2100多个岛屿，生活着约2900名居民。沿着路下山前往1972年由阿根廷建造的老斯坦利机场，由于新的军用机场是在战争发生后建成的，因此它的位置更加深入，从这里出发所到达的目的地并不是太多。

当地旅游指南：

在福克兰群岛首府斯坦利期间，您可以参观当地的各个景点，如福克兰群岛博物馆、政府大楼和英国圣公会大教堂，沉浸在历史中。这里其他有趣的地标建筑有鲸鱼拱门、图腾柱，以及港口的几座战争纪念碑和沉船。福克兰群岛是观赏黄金企鹅的首选地，一日游可从斯坦利出发到达企鹅栖息地，这里有三种不同种类的企鹅在一米之内蹒跚，完全不理会游客的存在。还可以在著名的寒冬咖啡馆吃些鱼或者薯片，这个咖啡馆去年刚刚在岛上举办了30周年庆典。

参赛详情：

参赛时间：3月中旬

报名时间：同年2月26日前

参赛人数：75

难度指数：8/10

特别提示：路线指示可能会出现恶劣的天气和不可避免的夏季季风，任何天气都不会取消比赛，但如果天气太糟的话，比赛可能会暂时延迟。不要忘记携带防晒霜和头巾，因为“臭氧层空洞”就位于你的上方。

☎ 50022220

✉ bank.info@sc.com

www.sc.com/fk/marathon

福克兰战争纪念馆在距离比赛起点不远的地方

MURMANSK 17900 km
COLORADO USA
THURLBY
Your passion
our inspiration
Standard Chartered

参赛者在机场停车场转弯，沿着旁边的路绕行约9公里。跑完沥青路面后，先爬升再下坡，然后再次爬升到达工兵山的西转折点。在比赛刚开始的几年里，这里的土地上仍然存留着战争遗留的地雷，由于存在人员伤亡的危险，比赛一度停办，但在2009年重新开始，而工兵山附近已于2012年宣布没有地雷威胁了。

参赛者再次跑回老机场，然后进行第三回合，之后他们向镇上奔跑。即使这样，这里也没有足够长的路线，所以跑步者必须再次回到海狸飞机棚。

在这个开放的赛道上，你将无法避免海风吹到脸上。由于天气相对寒冷，所以防晒霜和头套是必需的，这里也被称作“臭氧空洞”。

到达这个岛屿本身就是马拉松界的壮举，从香港出发，需要四天的时间才能到达，由于每周的商业航班是受限制的，所以只能在比赛开始前20小时抵达这里。

在最近一次比赛的统计中，有75名马拉松选手（63名男子，12名女子）和22名接力队，以及3公里“开心跑”中的54名参赛者。比赛支持了渣打银行的全球慈善活动“看到就是相信”，整个银行职员在比赛当天都是志愿者。2:35:39的完赛纪录是由一名当地教师保持的。

虽然比赛体验距离很多马拉松比赛经验还很远，但当你选择马拉松赛事的时候，斯坦利绝对值得考虑，由于参与者人数不多，所以你将成为全世界曾经跑过这些道路的1100万人中的一员。

我的足迹：

参赛时间：

比赛成绩：

赛事感悟：

左图：在去往赤柱机场的路上建立了一个纪念性的图腾柱，显示所有的道路都向北边延伸，向南进发就是南极洲的方向

巴巴多斯马拉松 | 巴巴多斯

“快来跑步，快乐跑步”——这是巴巴多斯官方的邀请宣传语，自1983年以来，这里吸引了很多著名的参赛者，其中甚至包括奥运会金牌获得者。

阳光是吸引游客来岛上旅游的一大原因，但是比赛时，我们却不得不尽量避开它。马拉松比赛在凌晨4：30分开始，不过在早上5：40分，天就会开始亮起来，不到一个小时，天气就开始变得很热。尽管中午的温度通常不会超过30℃（86°F），但阳光的直接照射也会对身体造成不适。

“巴巴多斯赛跑”在其32年的历史中经历了很多。近年为短程比赛（5公里、10公里、半马）而放弃了全马比赛，因此陷入了低潮。最近又重新恢复了全马，全新专业组织者的加入，为整个赛事再次带来了生机。

比赛开始于布里奇顿市南侧、总理办公室外的湾街滨海艺术中心。在黎明前的黑暗中，穿过布里奇敦空荡荡的街道奔跑，有一种令人毛骨悚然的感觉。即使已经经过海港，在春天花园高速公路上沿着5公里（3英里）的海滩一路向北前进，为数不多可以听见的声音就是同路人的呼吸和脚步声。比赛路线紧靠海岸，因此主要的路线都很平坦。在埃索石油公司炼油厂之后的6公里，赛道向内陆方向倾斜，随后返回棕榈树环绕的白色沙滩。参赛者到达居民区后，那种孤独感才逐渐消失。主妇们穿着睡衣，在前往教堂之前先去买午餐，而且在那里聊天。景色各不相同，时而穿过白色的沙滩和蓝色的大海，时而经过路边的商店和房屋。路边有香蕉树、面包树、九重葛和各色巴生的树篱。在佩恩尼斯湾的海鲜市场上，全马和半马的参赛者都将回到布里奇敦。

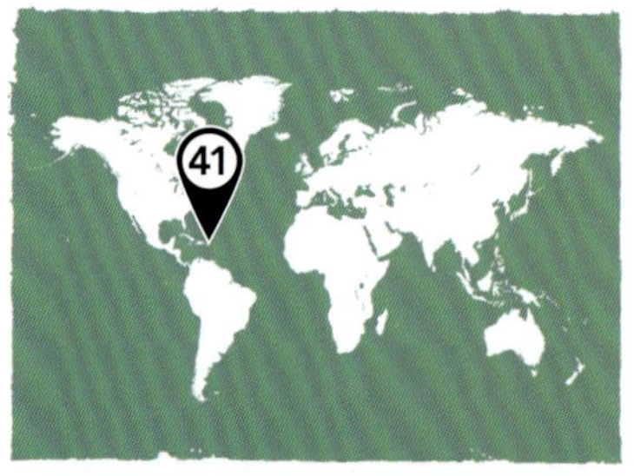

当地旅游指南：

如果厌倦了海滩，想做一些与众不同的事情，可以去法利山国家公园，它由75米高的生长在悬崖上的热带树木和植物所组成。在那里可以俯瞰整个苏格兰区，还可以参观朗姆酒酒厂，其中芒盖伊是最好的去处之一。

请参阅：www.barbados.org。

MARATHON

我的足迹：

参赛时间：

比赛成绩：

赛事感悟：

所有巴巴多斯马拉松路线都在这个历史悠久、保存完好海港的街道上延续，这可以追溯到17世纪。随着黎明的破晓，参赛者可以欣赏修船厂、议会大厦、独立广场和纳尔逊勋爵雕像等如画的景色。

跑步者穿过独立桥，奔向布里奇敦的卡莱尔湾弯弯曲曲的湾街。越过终点后，半马参赛者可以在音乐台后面漫步，进入那里诱人的水域，而对于全马参赛者来说，他们还需要完成第二圈才完成比赛。

左图：参加马拉松比赛的只有不到一百人，所以需要真正的热情来激励自己在这条孤独的路上继续前进

下图：马拉松比赛与一系列其他比赛同时举行，包括5公里跑、10公里跑、半程马拉松和轮椅活动等

参赛详情：

参赛时间：12月
报名时间：同年10月
参赛人数：700
难度指数：8/10
特别提示：比赛虽然在早晨4点半开始，但仍要做好防暑降温准备。跑步者可能会感到孤单，但是在原始的沙滩上跑步很惬意。这样的比赛并不是很多，需要保持一种随遇而安的心态。

☎ +2464272623
✉ btainfo@visitbarbados.org
🖳 www.runbarbados.org

火山马拉松 | 智利

当地旅游指南：

你在火山马拉松的报名费，包括在圣佩德罗德阿塔卡马停留5天、游览盐山脉、参观月亮谷和死亡谷的花费。在进入沙漠的行程中，可以欣赏到经过数千年的风蚀和水蚀而形成的巨大石头和沙地。陨石博物馆是圣佩德罗月球景观的另一个世界性体验。圣佩德罗·德·阿塔卡马考古博物馆虽然不再展出当地著名的保存完好的木乃伊，但仍值得花费几个小时去参观。除此之外，世界上最大的露天铜矿距丘基卡马塔仅有100公里，只要站在矿坑边，俯瞰这些巨大的地陷就足以让你终生难忘。

参加火山马拉松比赛的第一个挑战是自己走到起点，比赛的说明简洁明了："参赛者在圣佩德罗德阿塔卡马聚集。"但是，我在学校曾学到的"阿塔卡马"，难道不是地球上最干燥的地方吗？是的，正如组织者所解释的那样："在阿塔卡马沙漠的中心，是世界上最干燥的地方。"与跑步毫不相干的是，1973年，我在南美洲大陆上旅行时，曾经参观过这个尘土飞扬的村庄，它以当地教堂里保存完好的木乃伊而闻名。如今，古斯塔沃勒佩奇考古博物馆展出了该地区第一批居民的手工艺品，但木乃伊已不再展示。现在道路铺好了，但附近最近的机场是距离这里约100公里的卡拉马，而且只提供国内航班。智利的首都圣地

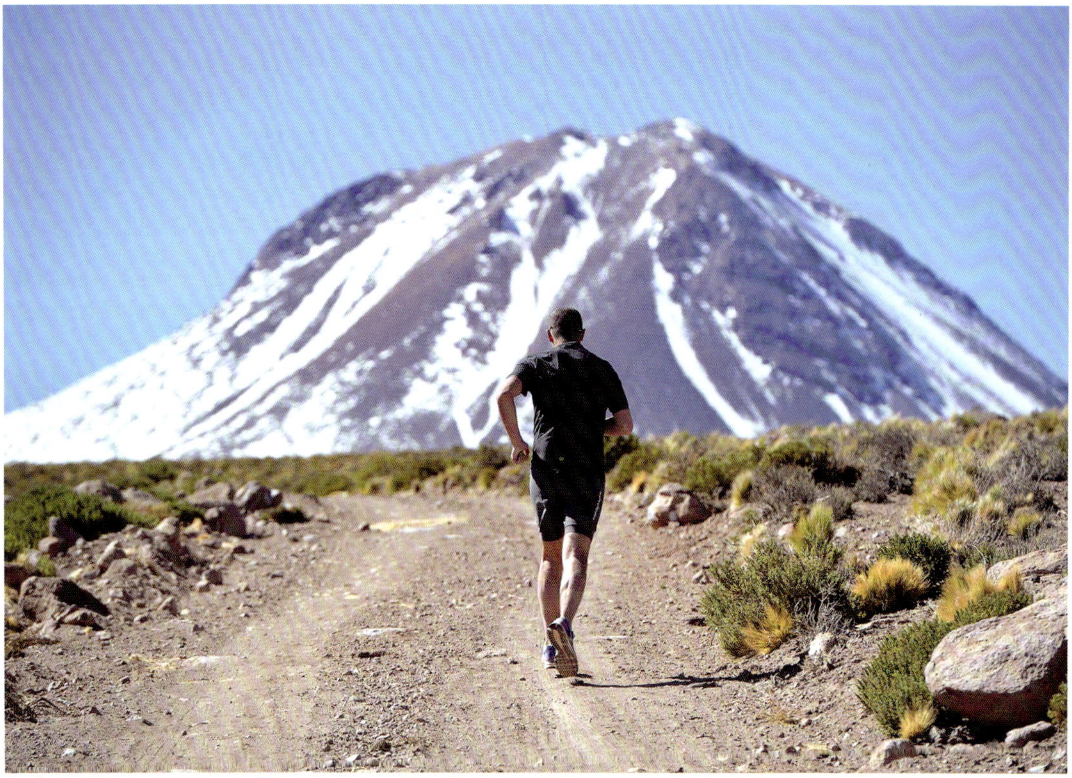

亚哥位于南方数百公里处，每天只有几班公共汽车前往。3000欧元的比赛报名费包括在圣佩德罗豪华酒店的5天住宿，这段时间既需要从旅途中恢复过来，又要适应2600米的高原。这里的游览地的名字很特别，如盐山脉、月亮谷和死亡谷等。

因为比赛开始于海拔4475米的位置，并且毗邻智利北部最活跃的火山之一——拉斯卡火山，因此水土不服的情况很常见。赛程的整体是下坡，空气稀薄的状况逐渐得到改善，也可以看到10座火山的壮观全景。

比赛的前半部分在平均高度超过4000米的土路上。在10公里处的位置有补给站。在30公里处的第三个检查站，海拔上升了2000米。从35公里处开始，参赛者将面临约5公里长的崎岖地形，而且旁边就是峡谷。赛程的终点线位于海拔3600米处，温度经常高达30℃。

左图：到达火山马拉松的比赛场地，需要历经一段漫长的旅程，那里离最近的机场有100公里（62英里）。但惊人的风景和独特的挑战使漫长的旅程变得值得

上图：参赛者必须提前几天到达，以适应高海拔环境，他们将在群山之间比赛，那里还有一座火山

火山马拉松不仅仅是一场比赛，更是一场值得参观的视觉盛宴。日落时分，月光谷沐浴在红色、粉红色和金色交织的醒目色彩中，宛如月亮一般。死亡之谷拥有类似火星表面的巨大沙丘和岩石，这也是NASA（美国国家航空航天局）在执行“红色星球”任务时测试设备的地方。

下图：日本的参赛者Mamada Yusuke在死亡之谷的沙丘上艰难前行

右图：荷兰参赛者Taco Jongman在穿越世界上最干燥的沙漠之后到达终点

参赛详情：

参赛时间：11月中旬

报名时间：越早越好

参赛人数：40

难度指数：10/10

特别提示：参加火山马拉松需要为高海拔、高温的沙漠作额外的准备。参加马拉松比赛需要参赛者至少在比赛的前三天到达这里，以适应其较低的氧气水平。

☎ 35391516644

✉ npmarathon@gmail.com

www.volcanomarathon.com

波士顿马拉松 | 美国

波士顿马拉松是世界上最古老的的马拉松赛事，一年举办一次，自1897年（即1896年的第一届现代奥运会之后的一年）以来一直持续不断，逐渐发展成现代马拉松赛，当时只有18人参赛。在1996年的百年纪念赛期间，超过35000人参加了比赛，这也是第一次有如此多的马拉松选手参加一项比赛。通常，为了获得参赛资格，每名参赛选手都必须在规定的（快速）时间内完成马拉松比赛，而且参赛资格还和参赛者的年龄有关。但在1996年，人们可以随意报名参加。排位赛的标准很高，也被称为“BQ”，这本身就是一个成就。

多年前的波士顿马拉松赛比常规的马拉松赛距离短。1907年，从亚什兰开始，向西跑到霍普金顿终点。直到1924年，比赛距离还不超过39公里，1951年到1956年间的比赛也只有40.5公里。路线向东行，上半场轻缓下破，然后急剧下坡，到达著名的四座牛顿山，其中就有所谓的“心碎山”上坡。参赛者不得不征服它。这个名字的起源于来自1936年的波士顿马拉松赛，卫冕冠军约翰·A·凯利遇到了埃里森·泰山·布朗，并在超过他的时候轻轻拍了下“泰山”的肩膀，表示不屑。这种咄咄逼人的姿态让“泰山”很愤怒，他重新夺取领先优势，并赢得比赛。用当地记者的话来说，惨痛的失败“打破了凯利的心”。

在这里，参赛者再次缓缓下坡，到达波士顿市中心的终点。总的来说，路线从开始到结束下降了135米，每公里下降3.3米。对于参赛者来说，这种引力优势有时候会被逆风所抵消，1994年的时候就是这样，当时科斯马赢得了比赛，而2011年又是一个强大的顺风优势，帮助杰弗里·穆塔伊创造了2:03:02的最快马拉

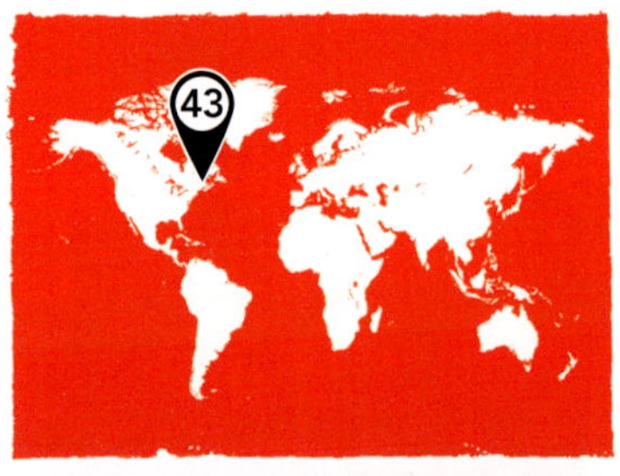

当地旅游指南：

哈佛大学坐落在马拉松赛道的对面，这是世界上最著名的大学之一，非常值得一游。该地区不仅是一个学术温床，而且是寻找独立唱片店的好地方。纽伯里街提供了一些最好的精品购物。还可以参观肯尼迪图书馆，然后在詹姆斯胡克餐厅吃波士顿著名的龙虾卷。

请参阅：www.bostonusa.com

右图：波士顿马拉松比赛于9月11日在爱国者日举行

参赛详情：

参赛时间：4月

报名时间：前一年的9月，只开放一段时间

参赛人数：35000

难度指数：6/10

特别提示：虽然在荒凉的山丘，但那里有温暖的气氛。参赛前，您必须经过测试，合格后才能参赛。比赛中参赛者会得到来自人群和同伴的大力支持。

☎ +16172361652

✉ info@baa.org

www.baa.org/races/boston-marathon.aspx

松世界纪录。事实上，波士顿马拉松的世界纪录是最快的，因为这里有下坡和风向的优势。

在大多数年份里，波士顿马拉松赛并没有创造出特别快的世界纪录，也许部分原因是前25公里下坡的整体节奏受到上坡路段的干扰。而其他时候，很多不利因素都给创造比赛佳绩造成了阻碍。竞争性在这里产生了一系列令人激动的比赛成绩，比如1978年的比尔·罗杰斯对阵杰夫·韦尔斯，1982年的阿尔贝托·萨拉查对阵迪克.比尔兹利。

MARATHON

我的足迹：

参赛时间：

比赛成绩：

赛事感悟：

下图：所有波士顿马拉松赛的参赛者都必须在短时间内参加另一场马拉松比赛

纽约马拉松 | 美国

纽约马拉松的规模是巨大的，这是有史以来规模最大的马拉松比赛，参赛者超过5万人。

1896年9月，雅典奥运会后不久，纽约就在西半球举行了第一场马拉松比赛，但与6个月后举行的波士顿比赛不同，它并没有持续举办。纽约在1970年重新组织了一场马拉松赛。来自罗马尼亚特兰西瓦尼亚的弗雷德·雷柏在中央公园组织了这场马拉松赛，每位参赛者只需支付1美元的入场费就可以参加，127名参赛者中只有55人完成了比赛。

直到1976年，在美国成立二百周年的纪念赛上，这个赛事才逐渐开始受到关注，纽约马拉松成为所有其他大众马拉松赛的典范。首先是在当地知名赛跑运动员特德·科比特的建议下，邀请了来自5个城市的参赛者参加比赛。不知何故，市政厅曲解了这个想法，他们将这个想法理解为全市范围内的五个行政区之间的竞争。一条新的路线替换了原来的路线，并在标志性建筑——拉扎诺桥进入斯塔滕岛上设立新起点。路线不再局限于中央公园，人们很高兴有机会参与这样一个公共的赛事，参赛者在当年就达到了2100人。随后几年，参赛人数迅速增加，到1979年达到了14000人。

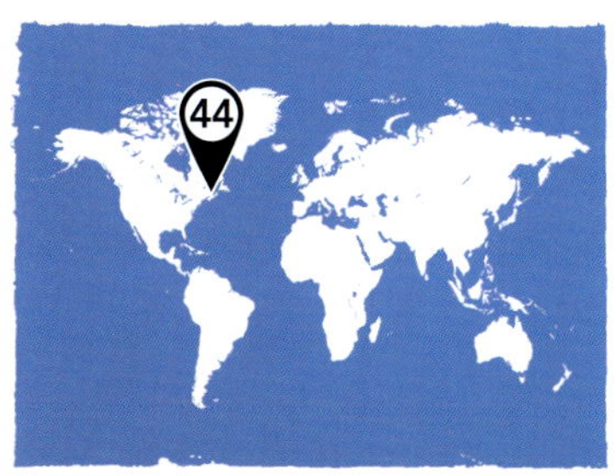

当地旅游指南：

在纽约，关于旅游似乎有着无限的选择。你既可以参加布鲁克林区的披萨之旅、纽约流氓黑社会之旅、哈莱姆区的嘻哈之旅等，也可以参观电影中的场景或是某个著名人物逝去的地方。当地也有很多种交通选择：步行、骑自行车、地铁或无处不在的黄色出租车。对于刚刚跑完马拉松的饥饿参赛者而言，到当地人最喜欢的地方之一，就是去分店遍布纽约的Shake Shack汉堡店，其中包括一个在巴特雷公园城的新分店。

请参阅：www.nyc-go.com

左图：轮椅赛是纽约马拉松的一大看点。

上图：对许多跑步者说，这场马拉松比赛是一次难忘的经历，有完美无瑕的组织和精力充沛的公众支持

这个赛事为大家提供了一个观光旅游的路线，如果你想通过旅行来参观，许多游客永远不会看到这条路线上的景色。它提供了纽约港、自由女神像和曼哈顿下城等地令人惊叹的景观，更为艰难的、令人振奋的是要穿过第五十九街大桥。到达曼哈顿的时候，城市者往北跑一会儿就到了布朗克斯的第一大道，然后再次通过哈林和第五大道，最终回到中央公园。

很多细节都被这个城市的庞大规模所掩盖，外来者很难捕捉到普通纽约人的日常生活。

马拉松比赛日是不同的，11月的第一个星期天，纽约人停止了他们正在做的事，并且为跑步者欢呼。超过100个现场乐队沿着这个路线进行演出，把这个赛事变成了一个小型狂欢节。

参赛详情：

参赛时间：11月

报名时间：前一年11月

参赛人数：45000

难度指数：6/10

特别提示：11月的清晨，意味着天气可能非常寒冷，所以请注意保暖。将会有大量的斜坡和桥梁以及大量的人群，尤其是在比赛开始时会变得很拥挤。还要留下足够的时间到达纽约，以及在比赛当天提前到达起点。

☎ +18555696977

✉ help.tcsnycmarathon.org

www.ingnycmarathon.org

上图：赛道上提供充足的人道主义支持

我的足迹：

参赛时间：

比赛成绩：

赛事感悟：

每年有10万人申请仅提供5万个名额的马拉松赛。主办单位向海外第三方组织者收取高额费用，因为他们相信纽约马拉松的吸引力。1976年，纽约马拉松的组织者为现代马拉松赛树立了榜样，这场比赛不再是仅仅寻找能够覆盖所需距离的循环，而是能表现一个城市凝聚力的赛事，让参与者能够在纽约体验盛大的巡回演出，体验真正的马拉松精神。这种充满现代氛围的精神，引起了全球范围内对马拉松运动热爱者的关注。对比雅典马拉松的累累债务，纽约马拉松赛的组织者非常感谢每一个马拉松参赛者的付出。

海军陆战队马拉松 | 美国

海军陆战队马拉松赛本身就是“人民的竞赛”，它的参与主体不是精英运动员，而是普通爱好者，与其他的马拉松相比，其更不寻常的是不设奖金。自从2001年的“9·11”事件发生以来，举办这一最爱国的美国马拉松赛事，也是为了纪念那些曾经在事件中遇难的人们。

海军陆战队马拉松赛每年有3万个参赛名额，通常会在网上开放几个小时来供大家注册，平均有40％的人是第一次参加马拉松比赛。参加这场比赛多是为了自己的荣耀，且参赛路线平坦，并有参观美国首都的机会。

这场比赛始于奏国歌、宣誓效忠国旗——在秋日的灯光下闪烁着的星条旗帜。这是一种包容性的爱国主义，因为还有众多的非美国选手在人群中挥舞着旗

当地旅游指南：

海军陆战队马拉松比赛在首都华盛顿举行，虽然它没有纽约的繁华与喧闹，但这里有白宫、国会山和林肯纪念堂等著名地标。亚伯拉罕·林肯大概是你想在这个城市里瞻仰的传奇总统，他的纪念碑更像是一座饰有36个多立克柱的寺庙，也是这座城市主要景点的核心。华盛顿也是世界上最大的博物馆——史密森尼博物馆的所在地。

左图：海军陆战队马拉松赛是一场纯粹的爱国主义比赛

右图：地标建筑只是这场马拉松赛具有吸引力的一部分，许多美国公民将其作为公开支持美军工作的方式

参赛详情：

参赛时间：10月

报名时间：一年前

参赛人数：30000

难度指数：5/10

特别提示：如果是第一次参加马拉松比赛，这里的斜坡、山丘和桥梁会很使赛程有些艰难。有报道说，在比赛前后，公共交通会变得很拥挤，所以请计划好出行时间。

☎ 1-800-RUN USMC

✉ marine.marathon@usmc.mil

www.marinemarathon.com

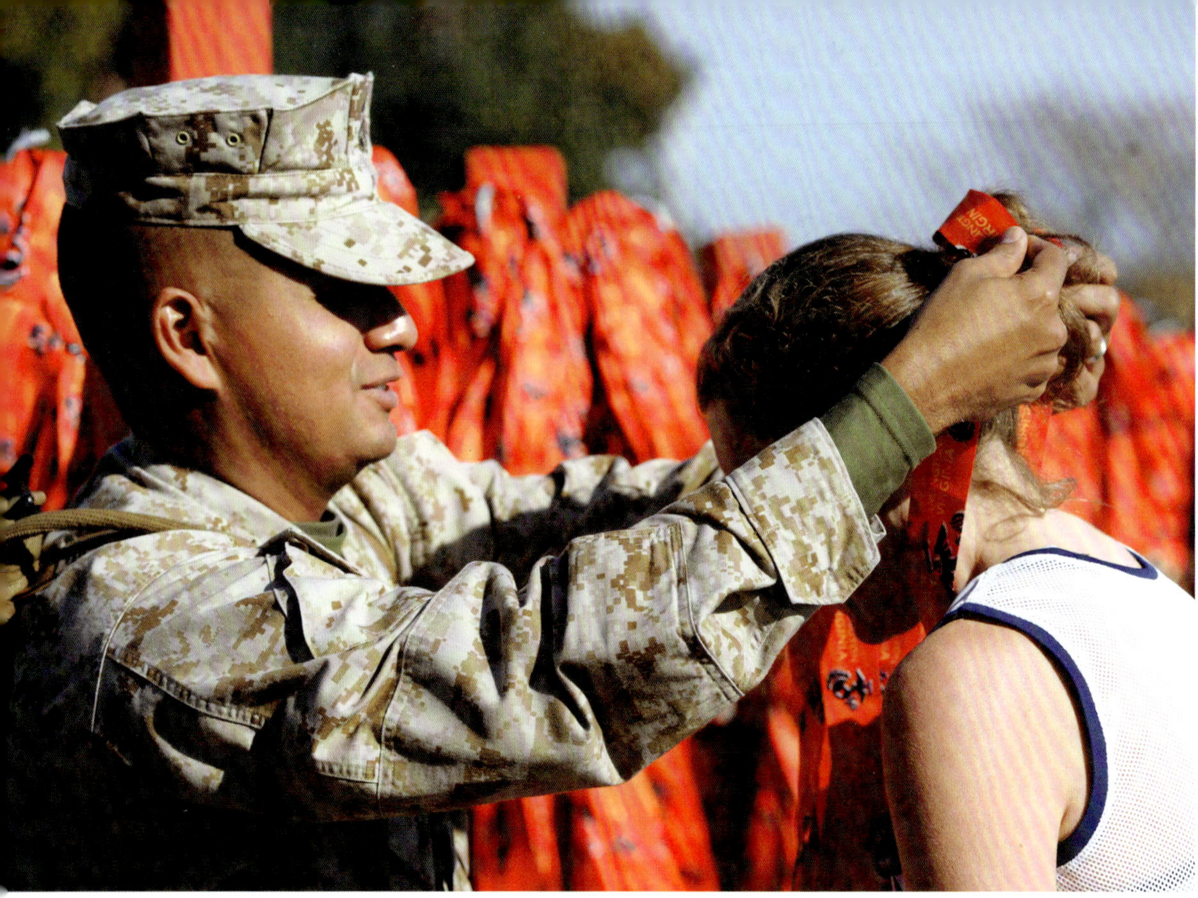

上图：比赛提供了增强民族自豪感和提高国家战斗力的机会，以及为他们的朋友和家属提供服务的机会

帜。F / A-18“大黄蜂”攻击战斗机和CH-53“海马”直升机在天空为这场精彩的比赛架起一座“天桥”。

波多马克河下游的路线蜿蜒曲折，地势的高点分别出现在5公里处和13公里处，但所有的主要景点都集中在25-32公里路段。在这个路段上，跑步者环绕着反射池，经过林肯纪念堂，然后沿着宪法大道、白宫和华盛顿纪念堂前行。随后会到达博物馆、格兰特纪念馆，最后是国会大厦，之后参赛者们会在波托马克的最后几公里穿过五角大楼，到达位于终点线的硫磺岛纪念碑。

即使不考虑名胜古迹，这个马拉松赛也是很有吸引力的，因为这里秋色宜人，风景如画。

我的足迹：

参赛时间：

比赛成绩：

赛事感悟：

雷鬼马拉松 | 牙买加

雷鬼马拉松不仅是一个狂欢节，更是一个美食节和音乐盛会。组织者的目的是吸引来自世界各地的跑者来参加被他们称之为“在天堂跑步”的赛事。1995年，在绰号为“大坝”的金斯顿水库聚集了一大批选手，他们为了庆祝雷鬼马拉松诞生五周年，组建了一个名为“牙买加人”的俱乐部。现在，赛事进入了第二个十年，雷鬼马拉松已经形成了自己独特的风格。

这个赛事的名字是为纪念牙买加雷鬼音乐的传奇人物——鲍勃·马利的出生于此而设置的，在这里奔跑也和音乐一样有吸引力。雷鬼马拉松比赛于每年12月的第一个星期六举行，并于上午5：15分在黑暗中开始，当地人称之为“寒冷”的早晨，但那些来自较寒冷地区的人可能会认为这里是温暖的。在牙买加的冬天，寒冷大约意味着25℃，而当太阳升起（比赛开始之后几个小时）时，温度会骤然升高到32℃。

下图：当地人会大力支持参加这个吸引人的马拉松比赛的参赛者

在马拉松比赛之前，你可以享受被誉为“世界上最好的意大利面派对”的意面盛宴，以及很多带有鲜明地方特色的菜肴。在比赛当天，燃烧的提基（竹火炬）队伍为参赛者聚集在起跑线上提供支持，由拉斯塔鼓手加勒比使呐喊助威声不断增强。参赛者沿着长湾向南前往至内格里尔环岛，然后再转回到起点。

10公里跑的参赛者在龙湾停下来，但半马的参赛者会在龙湾另一端的第二个折返点之前返回。全马选手沿着风景秀丽的海岸线奔跑，海滩左边的沼泽地被称为“大沼泽”。这里的几个地名，如血流海湾和鳄鱼岩等，听起来仿佛是海盗船长藏宝图中的地名。

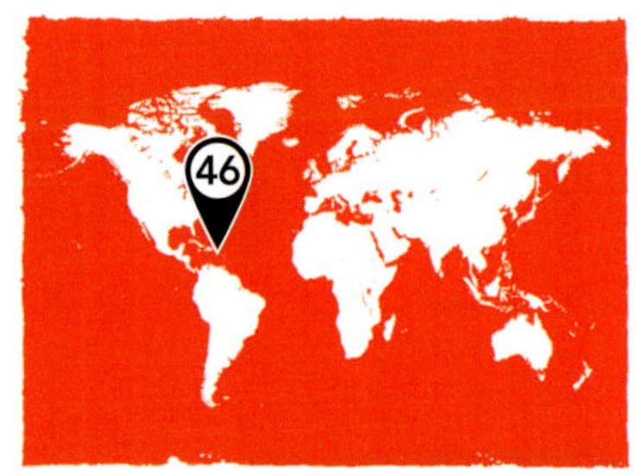

当地旅游指南：

牙买加这个地方看起来好像挤满了游客，但仍有许多隐藏的宝藏可供游客来探索。海滩是上天的馈赠，是当地人最喜爱的地方。蓝山以咖啡闻名世界，而且蓝山还有适合远足和野生动物行走的道路。邦德作家伊恩·弗莱明的故乡——黄金眼，这里也是007电影的拍摄地。

请参阅：www.visit-jamaica.com。

我的足迹：

参赛时间：

比赛成绩：

赛事感悟：

左图：本次比赛开始于长湾海滩度假村，沿着11公里（7英里）的白色沙滩一路前行，参赛者需尽早在凉爽的早晨做好准备

下图：在大多数人开始这一天之前，比赛的领先者已经完成比赛并回到家里

除此之外，这里还有着令人印象深刻的自然景观，以及最振奋人心的音响系统、音乐DJ和绑在屋顶上的扬声器，路过的人群同样会被它们所感染。

比赛结束后，紧接着就会进行一场大型的派对，烧烤产生的炊烟从终点线上飘散，这里还有最新的雷鬼表演、全套的牙买加菜肴和咖喱山羊米饭与豌豆。只要你成功抵达终点，就能享受到由玛格丽塔小镇提供的早餐。

参赛详情：

参赛时间：12月的第一个周六
报名时间：同年11月
参赛人数：1500
难度指数：7/10
特别提示：为了充分利用这里相对凉爽的气温，比赛时间开始得比较早。太阳升起之后，高温就会来袭。
☎ +8769674903
www.reggaemarathon.com

多伦多瀑布马拉松｜加拿大

众所周知，北美有三大马拉松赛事：纽约、波士顿和芝加哥，而与之毗邻的多伦多举办的马拉松就没有那么出名，这是很容易让人理解的。然而，和其他主要城市的马拉松赛事一样，此地也有吸引顶尖选手在其国际标准的赛道上一展身手的理由。

毗邻安大略湖，举办多伦多马拉松最初的想法就来源于在水边漫步。整个路线42.195公里（26英里385码）的路线都设置在多伦多的海边，可以一直观赏整个水面。

多伦多还有另外一个吸引参赛选手的看点，尽管看上去有些让人大跌眼镜，据联合国宣布，该首府（安大略省首府）是世界上民族最多的城市，有近一半的人口来自其他国家，来自世界各地的选手在这里将会有宾至如归的感受。比赛是为了庆祝这种多样性的社会，路线经过10个不同民族的聚集地区，每个地区都有自己的马拉松式庆典。跑步者通过波兰区，意大利区和加勒比海区，然后来到有着五颜六色服饰的印度区，宝莱坞般的节拍将赛事完全带入简约版的亚洲节奏，在那里16支乐队齐奏，极其成功地提升了整个赛事的气氛。

这个比赛在最初的1990年，只设置了半程马拉松赛。取得一些成功经验之后，才发展成为全程马拉松赛。海滨路线于1999年被大家投票采纳，并以其广阔的风景路线为未来的马拉松赛奠定了基础。最初，这里的市场定位为纽约马拉松赛的代替赛程，由英国和墨西哥马拉松的选手埋单。后来更多其他地方的选手也陆续参加，甚至超过了当地的选手数量。

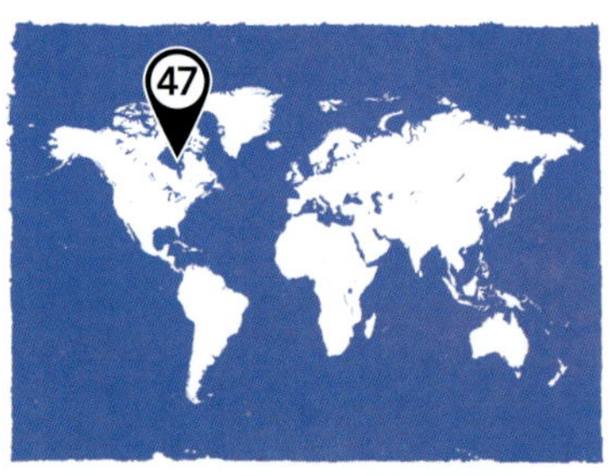

当地旅游指南：

这座城市以其“天际线”而闻名，但最好的方式是在水上欣赏它。多伦多群岛有很多快速渡轮，可以乘坐它观赏迷人的城市景色。这里有游乐园、花园、步道和沙滩，都是当地人跑步的地方。如果你想观看街头生活，就去探索城内的民族街区，包括芳香的唐人街，在东京街区可以品尝到这个世界上最好的寿司。最近，犯罪率上升开始困扰这个城市，请仔细检查你入住的酒店是否安全。

详情请见：www.see-toronto.now

右上图：加拿大国家电视塔是多伦多马拉松的标志

右下图：拱形的气球门表示终点已经不太远了

2005年，这里创造了一项纪录，用时3小时7分钟，运动员一边慢跑，一边杂耍，最后完赛。当地的选手埃德·惠特洛克创造了2小时54分钟的赛会纪录。近年来，维特洛克的纪录被不断刷新，从2小时9分钟，到2小时8分钟，再到2小时7分钟，马拉松的记录迅速提高。全马和半马都是从多伦多市中心的同一个地点开始的，在18公里之后，两拨人将分道扬镳，而全马运动员则前往镇东侧。在水面对面，可以看到城市的天际线——加拿大国家电视塔，那是世界上最高的建筑之一，然后前往海滩区，最后到达终点。

参赛详情：

参赛时间：10月
报名时间：同年1月
参赛人数：15000
难度指数：5/10
特别提示：天气不可预测

☎ +14169442765
✉ info@canadarunningseries.com
💻 www.torontowaterfrontmarathon.com

尼亚加拉大瀑布国际马拉松 | 美国&加拿大

很少有马拉松赛从一个国家开始，在另一个国家结束，这就是尼亚加拉大瀑布国际马拉松赛闻名于世界的一个原因。另一原因是终点的位置，就设置在大瀑布的边上。

比赛从美国纽约布法罗出发，到加拿大安大略省尼亚加拉大瀑布，举办该项赛事的想法是由布法罗爱乐乐团的一群音乐家提出的，他们经常从伊利堡的和平桥跑到30公里外尼亚加拉大瀑布的“彩虹桥”。

原小组中的一名调音员杰西·克雷格尔回忆说：“我们把这个线路称为‘桥到桥的比赛’，很多家庭会到终点和我们一起野餐。”

曾经的赛事总监克莱格说：“我们有一个明智的想法，就是在布法罗找一个地方出发，然后到瀑布结束。”起初布法罗赛事级别很低，参赛者基本上只是

当地旅游指南：

尼亚加拉大瀑布实际上是指在该地区的三个瀑布，都很值得观赏，包括加拿大马蹄瀑布、新娘面纱瀑布和美国瀑布。尼亚加拉是一个82500人居住的城市，每年瀑布吸引了来自世界各地的1400多万的游客前来参观，因此它具有浓厚的世界气息。尼亚加拉有两个赌场、三个水上乐园和一系列的餐馆和剧院。尼亚加拉河在北部30公里的尼亚加拉湖镇流入安大略湖。尼亚加拉胡镇是加拿大最美丽的小镇之一，这里有著名的肖节剧院。

左图：这是一个平坦而快速的比赛，有很多组织对比赛进行支持

右图：对于大多数跑者来说，风景秀丽的路线和令人惊叹的终点让这场马拉松比赛变得神奇

参赛详情：

参赛时间：10月

报名时间：同年3月

参赛人数：1000

难度指数：5/10

特别提示：由于在荒郊野岭跑步，观众和后勤保障可能会很少。而且天气干燥，请自备充足的水。

☎ +9053569460

✉ info@niagarafallsmarathon.com

www.niagarafallsmarathon.com

上图：由于五颜六色的叶子，季节的转换贯穿了整场比赛

想跑出城外，穿过和平桥进入加拿大。沿途很少有观众，而且观众主要是当地人，赛事最大的奖励是美不胜收的景色。

1000名没有安检的选手像流水般涌出边界，这种景象很难想象。就像加拿大移民局的堡垒被攻克，参与者可以预检，护照也被批准。1974年10月26日，首届尼亚加拉大瀑布国际马拉松比赛举行，吸引了成千上万的选手。这大部分功归于“丘吉尔大道”沿途壮美的秋季景观，此路被誉为“世界美得最震撼的星期天自驾线”。

对其他人而言，最重要的是在穿越美国去加拿大的这一趟旅程。左边是伊利湖的广阔天地，右边是尼亚加拉河大路的起点。沿着河流前行27公里，在天气晴朗的时候，可以看到从瀑布上升的白雾。终点设置在距离加拿大马蹄瀑布仅有50米的位置，这是一个自然奇观，每年吸引超过1400万的游客。

哈瓦那马拉松 | 古巴

像古巴首都的大部分展览一样，“马拉巴纳”马拉松赛虽然无法与那些大规模的国际马拉松赛相媲美，但它为参赛者提供了亲密接触这个地方的机会。与当地人一起跑步，你将会产生不被科技俘获(心灵)的优越感，而在很多其他地方则恰恰相反。

这里不提供能量胶、能量饮料以及吸水海绵，所以如果你离不开它们，那就请自备这些东西。有些参加马拉松赛的人没有跑步鞋，因此，很多来自海外的参赛者本着诚挚的友爱精神，将自己的旧跑鞋捐赠给他们非同寻常的竞争对手。

这个赛事的规则是很宽松的，参赛者甚至可以在开枪起跑之前几个小时才来注册。这里经常有奥运冠军参赛，如阿尔贝托、安娜和哈维尔，他们在起点挥舞着国旗。

比赛路线为两圈，半马为一圈完赛。从帕萨奥普拉多出发，奔向一条宽阔的海滨大道，大西洋的浪花打在赛道上。这条路线通往内陆的劳尔·迪亚兹体育中

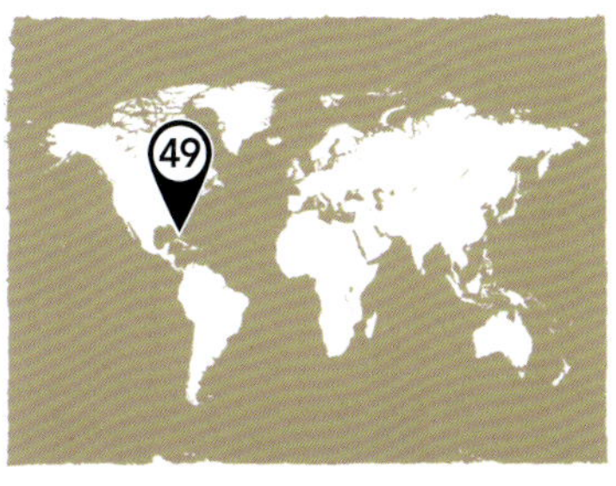

当地旅游指南：

你可以在革命博物馆里读到关于古巴历史的信息，这里记录着这个国家的许多故事。这里有着纪念爱神切·格瓦拉的宫殿，包括他的头发和袜子碎片，还可以参观到20世纪1950年代创立的凯迪拉克汽车厂。可以在雪茄厂停下来，看看这个国家的雪茄是如何被制造的。

左图：哈瓦那马拉松的比赛路线围绕着城区两圈，这里具有复古的魅力

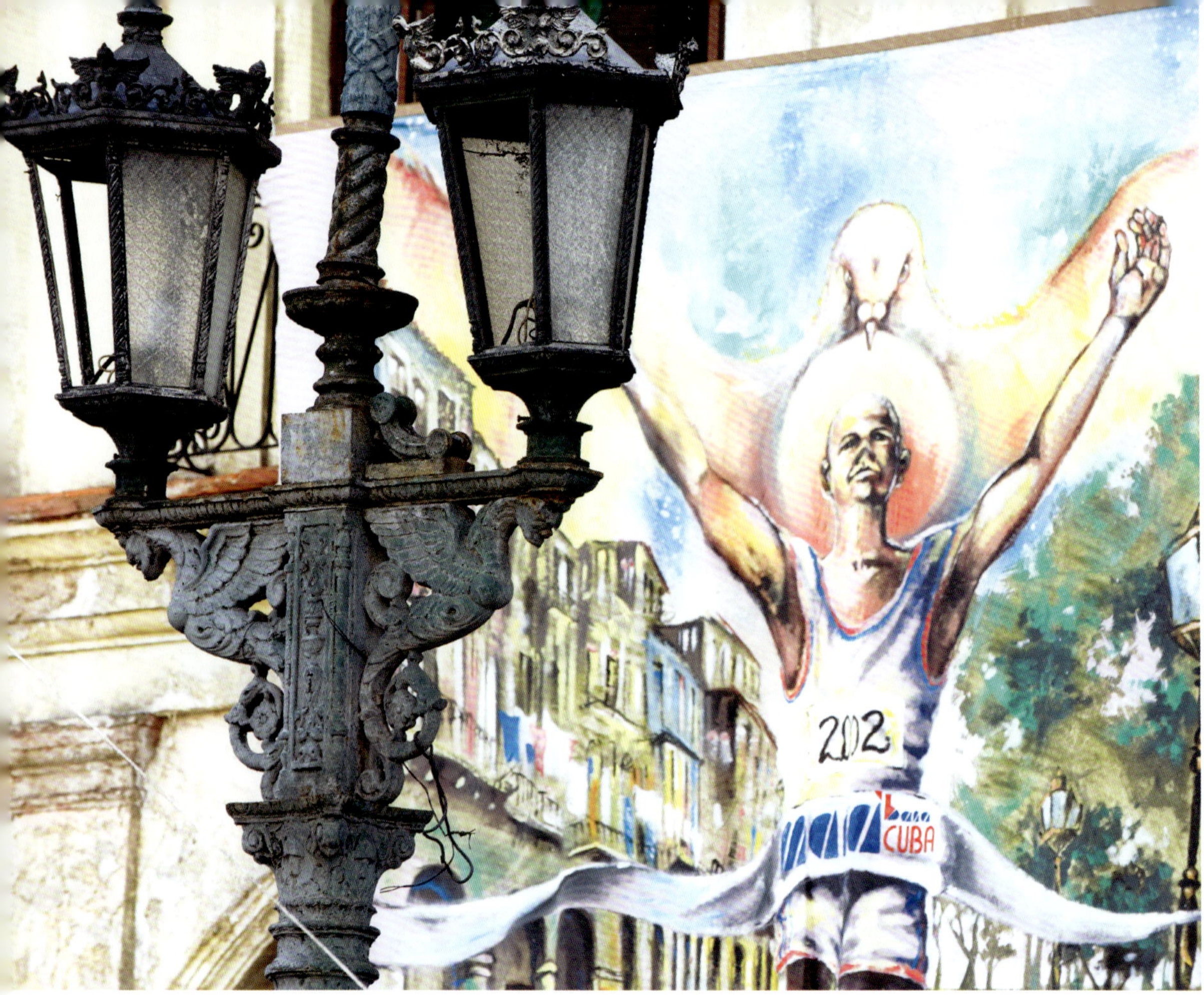

心，然后转向哈瓦那老城、国会大厦和海滨大道，沿途会经过巨大的空地和雕像广场。

这里的天气既炎热又潮湿，每隔2~3公里都设有补给站。哈瓦那在地形上是很平坦的，在跑步过程中，你将会领略许多当地文化。沿着海岸的前9公里都是平坦的，然后转向内陆，比赛路线也开始以丘陵为主。所以，对于渴望冒险的初学者来说，这里是很不错的选择。

我的足迹：

参赛时间：

比赛成绩：

赛事感悟：

上图：哈瓦那是联合国教科文组织世界遗产城市，马拉松路线充分利用了它的一切优势

右图：马拉松的赛道并不专属于马拉松选手

参赛详情：

参赛时间：11月

报名时间：同年3月

参赛人数：3000

难度指数：6/10

特别提示：空气可能被汽车尾气所污染，气温可能达到30℃。

☎ +5376410911

✉ marabana@inder.cu

www.havanamarathon.net

芝加哥马拉松 | 美国

芝加哥马拉松的首跑是在1977举办的名为Daley市长马拉松比赛，这项赛事在20世纪80年代早期被确立为“美国马拉松”。并且在1984年，英国的史蒂夫·琼斯在本赛事中创造了新的世界纪录，从而吸引了大批精英选手的注意力，使赛事进入快速发展阶段。

但是，在1987年，赞助商的不确定造成资金周转不畅，导致受邀参赛的精英选手数量锐减。虽然比赛还按照例行的每年一赛传统延续着，但也经历过1991~1992年赛事期间未获得任何赞助商支持的尴尬境地。后来还是拉萨尔银行接过了赞助权，并开始投资。有了充足的资金，赛事的组织者们终于能够在正确的轨道上，确保赛事的正常运行。

由于芝加哥马拉松赛往往能吸引一批国际顶尖高手，因此它的影响力可与伦敦、纽约和波士顿马拉松赛比肩。在本项赛事上，曾创造过新世界纪录的有1999年的哈利德·哈诺奇、2001年的凯瑟琳·恩德雷巴和2002年的拉德克里夫。曾有超过4200名马拉松选手参加了首届芝加哥马拉松赛的揭幕之战。

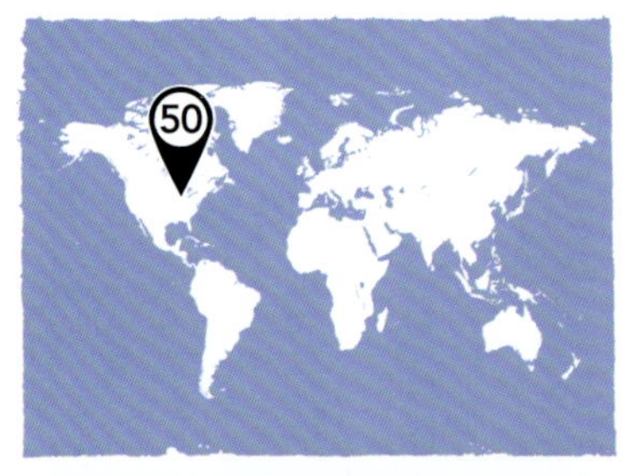

当地旅游指南：

当你参加完马拉松赛之后，可以探索这个城市的美食，从意大利面，到千禧公园烧烤以及令人沉迷的汉堡，芝加哥马拉松赛为体验芝加哥美味提供了机会。参赛者可以在格兰特公园举行的27英里赛后举办的派对上，庆祝自己的成功完赛。所有的成年运动员都会收到来自芝加哥鹅岛赠送的312城市的免费小麦啤酒。

请参阅：www.gochicago.com

左图：这个大众参与的马拉松比赛，人数从来没有减少过

右图：进入芝加哥的闹市区赛段，在很大程度上缓解了选手们身心的疲惫

参赛详情：

参赛时间：10月
报名时间：同年1月
参赛人数：45000
难度指数：4/10
特别提示：天气不可预测，时而寒冷，时而多风或晴天。近年来，天气偏向炎热，请提前做好准备。

☎ +3129049800
✉ office@chicagomarathon.com
💻 www.chicagomarathon.com

上图：在马拉松比赛日，芝加哥的市民纷纷走上街头表示出对马拉松赛事的支持

右下图：最好的马拉松与击掌雕像和街头娱乐联手

早在1977年，芝加哥马拉松已然坐拥世界最大马拉松赛之头衔。而近年来，它历经几次发展演变，业已逐渐演变为世界第二大的马拉松赛事，每届可吸引超过40000名的长跑高手慕名前来参赛。

芝加哥马拉松赛的路线较为平坦，起点位于市中心，并会通过许多风景各异的民族街区。在线路的每一个地方都能看到当地居民，这也是世界上观众最多的马拉松之一。景点包括男人小镇的男性啦啦队、老城区的埃尔维斯扮演者、西环老街轻拍教堂、比尔森的墨西哥浪人乐队，以及唐人街的舞龙表演等。

马拉松比赛路线会经过几个著名的地标，包括110层高的希尔斯大厦（北美第二高楼）、芝加哥街上的芝加哥剧院、林肯公园动物园、查尔斯·赫尔故居和瑞格利场等。

整个赛道呈现循环设置，这样观众可以不止在一个方向观看参赛选手。起点和终点都设置在市中心，因此参赛者和观众都可以从他们的酒店走到起点或终点，避免了路程中的麻烦。

事实上，号称“风城”的芝加哥拥有相当有利的跑步条件，这里创造的诸多世界纪录就是最好的证明。这里10月份的平均温度为16℃（华氏61°F），最低温度为8℃（华氏46°F）。

马萨特兰马拉松 | 墨西哥

墨西哥的西北部——马萨特兰的格兰帕西菲科马拉松的起跑线更像是朝圣者的聚集地，在这里，年轻人和老年人、坐在轮椅上和拄拐杖的人、盲人和聋哑人都会参加这个赛事，足以证明这项赛事的包容性，以及人们战胜逆境的精神。

位于锡那罗亚州的马萨特兰因其美丽的海滩及丰富的海洋生物而被称为“太平洋明珠”，这里天气炎热，12月份平均气温高达26℃。

比赛创办于1999年，当时太平洋啤酒公司决定通过举办体育赛事来纪念百年庆典，让它成为当地文化盛会的一部分。这条路线有一个先天的条件，即世界上最长的码头——马萨特兰码头，这里能够清晰地看到太平洋的景色。

全马比赛是主要赛事，但是也有适合所有人的比赛：5公里赛，10公里赛，半程马拉松赛和10公里轮椅赛。在短暂的历史中，这里吸引了许多著名的马拉松选手，包括塞隆和席尔瓦等。

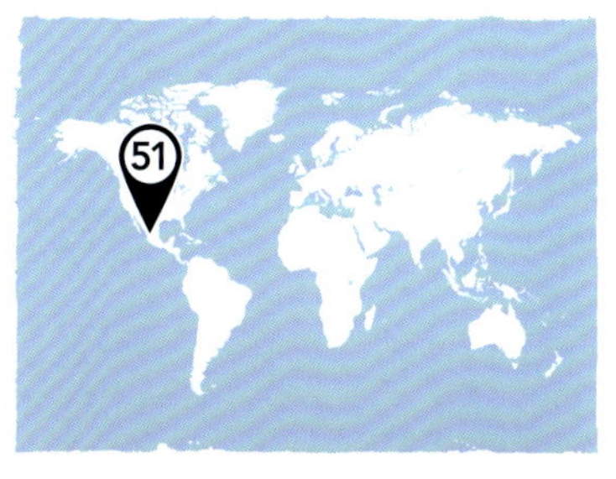

当地旅游指南：

有一个名为“黄金地带”的海滩，那里拥有丰富的夜生活。乘船游览石岛可以看到长达20公里的开放海滩，上面种着椰子树，还能看到当地不同的生活方式。这里有许多茅草餐厅，你可以沉浸在轻松的氛围中，或者在吊床上摇摆的同时享用一杯啤酒。除此之外，城里还有其他很多夜生活场所。

请参阅：www.mazatlan.travel

左图：在马萨特兰海滨有一条风景优美的道路，但同时这里可能也多风且炎热

在高温环境下，脱水是一个问题，所以每隔2公里，就会设置一个补给站，可以找到冰、水和葡萄糖能量饮料。赛程的沿途有三个“贯通式”的淋浴房，淋浴会一直喷水，而且不会停。医疗服务也十分到位，10名专业体育医生和120名医务人员会为所有运动员做好保障。

马拉松比赛的一部分——光明节，由太平洋啤酒厂（其中一家酿酒厂为“太平洋之光”）和马萨特兰三岛酒业共同组织。这个节日可以观赏到美洲最棒的焰火表演之一。除此之外，还有一个活动前的碳水化合物盛宴，大约有一万人份的意大利面放在一起，以及来自太平洋酿酒厂的清新啤酒，这带来了如马拉松一般的冒险之旅。

上图：在马萨特兰马拉松比赛中，轮椅赛会与全马比赛并驾齐驱

右图：比赛经过的殖民城镇向所有人开放

我的足迹：

参赛时间：

比赛成绩：

赛事感悟：

参赛详情：

参赛时间：12月

报名时间：同年5月

参赛人数：6500

难度指数：6/10

特别提示：高温是一个大问题，请自备能量饮料，以避免比赛中供应不足。

☎ +52552801716

www.maraton.org

大苏尔国际马拉松 | 美国

大苏尔位于加利福尼亚州海岸线上，从北部的卡梅尔河到南部的圣卡波多罗河延伸145公里的地方。大苏尔国际马拉松赛创始于1986年，赛事创始人比尔·伯利想在里约路和101号沿海公路交界处设置一个简单的路标。作为一名大苏尔居民和跑步者，他知道将马拉松赛引入卡梅尔（前市长：克林特伊斯特伍德），并沿着世界最壮丽的海岸线——大苏尔奔跑，将是一个壮举。连绵起伏的山丘、崎岖的太平洋海岸线，以及这里地质和气象条件为马拉松赛呈现了一个壮观的景色。

大苏尔的特殊性意味着每个比赛日都是一个挑战。首先是地壳是否稳定，毕竟，这里是圣安地列斯断层所在的位置。其次是山体是否会滑破，在1998年和2011年这里发生过两起山体滑坡事件，伯利和他的继任者沃利·卡斯特纳寻找一些路线，最终找到了可行的路线。另外，天气将带来另一个问题：虽然气温温和，天空清澈湛蓝，甚至从起点到终点都是微风习习，但是大风、冰雹和浓雾也有可能随时来袭，而且这并不罕见。

当地旅游指南：

毫无疑问，大苏尔是加利福尼亚的自然奇观，这里有国家公园、海滩和沿海步道。101号高速公路可以帮助你看到很多景色。普法伊夫海滩是最受欢迎的，但会收取5美元（约合31元人民币）的入场费，以帮助保持它的原始形态。在洛杉矶国家森林公园和罗伯士可以观赏到鲸鱼和自然风光。此外，还有旧金山的大都市等待着你去参观，湾区距离这里只有3小时的车程。

左图：大苏尔国际马拉松比赛的名额很抢手，这个赛道难度不大，但它却有着令人惊叹的风景

我的足迹：

参赛时间：

比赛成绩：

赛事感悟：

恶劣的自然气候从未阻止该项赛事的举办，但在1995年的洪水中，卡梅尔河大桥被摧毁，这个桥有200米长，在最后一刻，赛事主办方搭建了一个临时结构桥来确保赛事的顺利进行。

这里风景秀丽，比赛路线会经过大苏尔雄伟的红杉树林，在8公里的地方有潺潺溪水流过。旁边有山丘和绿色的田野，那里野花满地，在另一侧是太平洋的海浪和岩石峭壁。如果参赛者们仔细观察，他们可能会幸运地看到鲸鱼、海狮、秃鹰和野火鸡。

比尔伯利包含着赞赏与批判的交汇，古典音乐和野性之间的碰撞。在折返点的路边，可能还会看到站在三角钢琴旁的演奏者。

下图：在这个赛道中有很多地标，如果幸运的话，你还可能会看到座头鲸

参赛详情：

参赛时间：4月中旬

报名时间：前一年4月

参赛人数：4500

难度指数：8/10

特别提示：这里紧邻海岸，可能会有大风和雨水的侵扰，所以请事先做好准备。而且这里有山丘和斜坡。赛事组织较为完善。

☎ +8316256226

✉ info@bsim.org

www.bsim.org/site3.aspx

南极冰川马拉松 | 南极洲

作为北极极点马拉松的姐妹赛事，南极冰川马拉松是在南极大陆位于南极圈内举办的唯一马拉松赛事，第一次揭幕赛举办于2006年。而目前需要约13500欧元（约合105000人民币）作为参赛的入门费用。

本赛事的规模正在稳步增长，但目前限制人数为60人。本赛事的马拉松路线包括25公里（15.5英里）的“外部路线”，17.2公里（10.5英里）的“内部路线”，也有100公里（62英里）的比赛。

需要跑四圈25公里（15.5英里）路线，对马拉松比赛来说，这亦是非常不同凡响的一项赛事。

南极马拉松赛在海拔1000米（约3300英尺）高度举办，在群山环绕的环境中，尽管选手们开赛前都做足了充分准备和检验，但地面状况会使参赛者跑起来消耗巨大的能量。

赛事详情

参赛时间：11月末/12月初
报名时间：提前一年
参赛人数：60人
难度等级：9/10
特别考虑：13500欧元（约合105000人民币）的入场费，气候造就了本赛事，并一举成为地球上最艰巨的挑战之一。
地址：爱尔兰罗珊格拉斯霍恩路95号
☎ +353 91 516 644
✉ rd@icemarathon.com
www.icemarathon.com

赛事详情

参赛时间：4月第一个星期
报名时间：提前两年
参赛人数：54人
难度等级：9/10
特别考虑：不同于寻常意义上的马拉松赛；-30° C（-22华氏度）温度和13500欧元的入场费（约合105000人民币），如同跑在浮冰上，而非脚踏实地的感觉。
地址：爱尔兰罗珊格拉斯霍恩路95号
☎ +353 91 516 644
✉ rd@npmarathon.com
www.npmarathon.com

这项赛事的线路仅适用于那些经验丰富的跑者

右图：北极点马拉松是一项超级的耐力项目，专门为那些拥有惊人的强健体魄和丰富预算的人们而定制！

在赛前，这里11月常常会形成冰川裂隙，参赛选手们有时更愿意把本次旅行与个性化的冒险结合起来。例如，攀登号称南极洲最高峰的文森峰或搭飞机再继续前行，以便站到所谓精确（坐标）的地理南极点。

这里在最冷的时候，温度通常在-10℃~-20℃之间（14°~-4°F）。这里没有野生动物，甚至事实上根本没有其他生命，虽然偶尔可以在海岸上发现企鹅，但它们是不敢轻易冒险进入南极广袤的内陆禁地的。在比赛中，来自浩瀚空寂的感知一下子被放大了，那是因为除了风和你自己的呼吸外，再没有其他的声音了。

北极圈马拉松｜北极地区

北极圈马拉松赛是通往“詹姆斯·邦德”马拉松学校之路。

可以想象被直升机专程接送、飞越浩瀚的冰面、穿越北极熊领地的情景。本赛事可能是“世界上最酷的马拉松”，但它确实也是世界上最昂贵的马拉松赛。13500欧元的价格（约合105000人民币）甚至还没有包含“起跳点”——即在北纬80°，斯瓦尔巴德岛的游览。

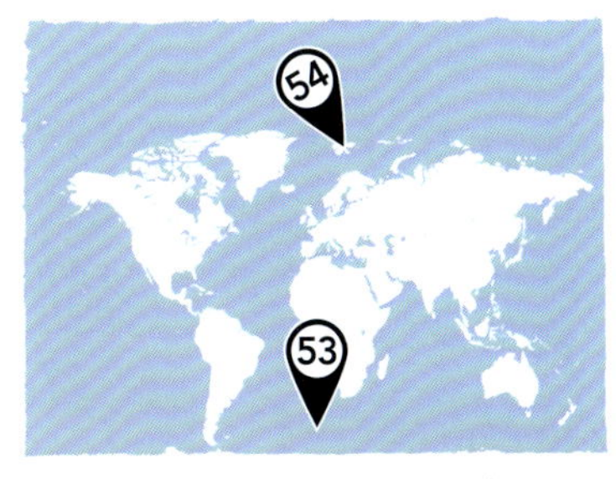

当你就在那里

对许多人而言，世界极限的探索蕴藏着的是一种独有的自我体验。

与大多数马拉松地点不同，这里地势荒凉且赛况往往不可预知。参赛者们来到这里，经历如此遥远的冒险，不仅仅是为了快乐，更为重要的是想体验长途奔向人迹罕至之处的那种感觉。另外，在两极地区还能有幸享受到24小时的日光，这无疑会增强选手们抵达极地地区的新鲜感。另外，在赛后，那里还会举办狂野的庆祝活动。

北极点马拉松赛后，将在极点附近特设一个伏特加酒派对，而且参赛者在返回挪威的斯匹次卑尔根后，还会享受更多的庆功酒会。

南极冰原马拉松比赛，通常在比赛后就餐的大帐篷里，举办一个大派对。还有，赛前和赛后你可以尽情享受蓬塔.阿雷纳斯的夜生活。

即便如此，参与这个马拉松赛事竟然是游览北极点最便宜的一种方式。

本赛事的主要挑战是在冰封的北极硕大冰盖上连续奔跑，每年的具体比赛日期要视一个俄国人组织的夏令营而定，该活动由俄罗斯一家著名的专业物流公司所创建，他们能借助空投拖拉机和伞降工作人员到冰面上一起协同建造飞行跑道。

赛事的地面状况使得参赛者在很多地方跑起来会相当艰苦，比如选手们成功穿越那些形如小丘状的起伏（源自俄语，被称为“雪波”），以完成这个艰难的马拉松赛。线路已经做了很好的标记和精心的准备，以避免冰面断裂，或“误入”裸露的海水。

在赛事全程中，通常是24小时亮如白昼。在4月的第一个周末，最有可能的温度是-25℃（13° F），还有晴朗湛蓝的天空。

除了仅有的少量驻扎在夏令营营地的俄罗斯工作人员外，预计不会有助威的人群。出于安全原因，赛道通常是设置在5公里（3英里）区域内的一个多次折返的线路。北极熊的威胁距离尚远，而营地里配备有枪支，以应对任何意外的发生。

极为壮观的是一望无际的冰雪掩映下那一轮永不落下的太阳，这对于那些置身其中的参与者来说，绝对是一种超现实的体验。

下图：兄弟之情在这帮极地马拉松选手中显得极为厚重

后记：跑马看世界

——世界最佳马拉松赛终级指南

这是世界54个最佳马拉松赛事的终极指南。

如果你是一个长跑好手，正在寻找一个新的挑战，或一个马拉松新手，具有冒险精神，这本经修订和更新的手册将帮助你选择完美的征途。

这里介绍的马拉松比赛包括地球上最遥远的天涯海角和每一块辽阔大陆的赛事，也包括快速、平坦的城市赛事、湿热气候下的耐力赛事、风景宜人的山地挑战，以及穿越历史（遗迹和时空）的机会，甚至在（严酷的）极地地区的非凡体验。无论是追逐个人最好的PB成绩，还是希望与顶尖高手对决；无论是勇于接受个人挑战，还是为慈善事业积极筹款，抑或是一位肩负背包的跑者，都将深深沉浸于勇往直前的运动视听之中。

这本书将为你提供关于马拉松的几乎全部所需，从而能做出针对每项赛事的特点做出自己的决定。

本书对每个马拉松都有难度说明，包括专家的课程分析，还包括那些实操的细节，正如需要你调动自己身体去适应即将到来的比赛，诸如何时开始，何时发力，这样就可以提前计划着手准备了。

还有书中那些令人叹为观止的插图，更为爱好者们提供每一次马拉松赛的独特体验的生动概览。

一位跑步健身者说：“这是一部伟大的指南，为所有热爱长跑者，包括正在奔跑，或希望奔跑的人。”

揭开一个精彩的马拉松世界：纽约、挪威的午夜太阳；俄罗斯的“白夜”；伦敦、中国长城；东京、悉尼、奥克兰；巴塞罗那、法兰克福；里约热内卢、雷克雅未克、尼斯湖、巴黎、汉堡，雅典、伊斯坦布尔、北极极地；波士顿、尼亚加拉大瀑布、哈瓦那等等。

书中还包括每门课程的专家分析和实用的细节，以帮助你顺利领航起跑线。

针对所有参赛者的耐力项目：集中参与的城市大赛、途中风景线、穿越沙漠、沿着海滨的栈道、历史的遗迹等，还有机会通过参赛而跨越国境线甚至跨越大洲。